国王的起源

关于社会组织与
政治权力的人类学思考

摩罗 著

中华书局

图书在版编目(CIP)数据

国王的起源:关于社会组织与政治权力的人类学思考/摩罗
著. 一北京:中华书局,2014.6
ISBN 978-7-101-09959-1

Ⅰ.国… Ⅱ.摩… Ⅲ.社会人类学 Ⅳ.C912.4

中国版本图书馆 CIP 数据核字(2014)第 017438 号

书　　名	国王的起源——关于社会组织与政治权力的人类学思考
著　　者	摩　罗
责任编辑	余佐赞　贾雪飞
出版发行	中华书局
	(北京市丰台区太平桥西里 38 号　100073)
	http://www.zhbc.com.cn
	E-mail:zhbc@zhbc.com.cn
印　　刷	北京瑞古冠中印刷厂
版　　次	2014 年 6 月北京第 1 版
	2014 年 6 月北京第 1 次印刷
规　　格	开本/880×1230 毫米　1/32
	印张 7½　插页 2　字数 143 千字
印　　数	1-8000 册
国际书号	ISBN 978-7-101-09959-1
定　　价	29.00 元

前　言

　　这本《国王的起源》和同时出版的《性爱的起源》，都是知识性趣味性读物，涉及的材料主要来自人类学和历史学（主要是史前史）这两门学科。有那么几年时间，我沉浸在这些远离尘嚣的知识体系之中，狠狠地过了一把求学瘾。这个过程在《性爱的起源》的前言中已有交代，这里就不再重复了。

　　后来因为写作《中国的疼痛》、《中国站起来》和《圈子决定格局》，暂时离开了这些知识。但是我现在观察问题的角度、基础、标准，一定程度是以这些知识为资源而形成的，《中国的疼痛》、《中国站起来》和《圈子决定格局》诸书，其立意、观点、视野，也是以这些知识为背景的。

　　当然，那几年在广泛阅读的同时，我还创造条件进行了几次有限的田野调查。我不但在调查中体会了一把人类学家的身份和立场，同时还希望通过文献材料和田野现场的互证而发现真正的问题。

　　其实不需要刻意"希望"什么，我的思想发展是不知不觉间进行的。人类学是一种特别具有超越感的学科，它常常让我想起《庄子》和佛经中的齐生死、等万物的视角和胸襟。任何历史问题、文化问题、人性问题、现实问题，只要我们将其放置在一个更加宏阔的框架中予以审视、讨论，它都不会是陌生的、特殊的问题，而是人类有史以来所遭遇的某些问题的重现或变异。这种眼光能帮助我们增长理解力、从容感和解决问题的耐心。

在我居住的小区里，有两位年龄相当的朋友，都是20世纪80年代成长起来的学人。我们的心态、志趣以及从事学术研究的热情都颇为相近。有一次聊天的时候，他们都表示，促进他们思想发展的一个重要知识资源就是人类学，我当时惊讶而又兴奋。其中一位说，80年代谁不激进？谁不是骂骂咧咧？可是经过人类学的熏陶，我们终于有了广阔的文化视野，来理解现实的复杂性。

我们几人当下研究的问题各不相同，可是我们竟然拥有一个共同的基础学科：人类学。我因此更加重视人类学在中国学术框架中的作用，我甚至希望中国学术界能够给人类学以更高的地位。

最后还想介绍一个我个人求学过程中特别幸运的一点，那就是我拥有一个古老的村庄——有六百多年历史的万家湾村——作为我理解世界的窗口。我经常对学生和朋友说，一个人如果能够细致地观察一个村庄，就能学会观察整个世界，如果能够深入理解一个村庄的社会政治结构和人事纷争，也就能够深入理解整个世界的社会政治结构和人事纷争。当我认真研究前人留下的人类学著作和历史学著作的时候，几乎都能落实到我的村庄予以比附和领会。当今全世界的硕学鸿儒都把整个地球看作一个村庄，更是启示我们可以将全人类的命运和纷争跟一个村庄的经验打通来理解。说句玩笑话，"地球村"的命名，意味着命名者正在帮我把地球问题浓缩为一个村庄的问题来解决。

我甚至可以以我的村庄为基础，一定程度地复原一部原始社会的生活画卷。我那个具有六百多年历史的村庄，相当于一个部落，五百余人口按照血缘的远近分属几个氏族。整个部落至今还是聚族而居、聚族而葬。在葬制方面，仅仅大约一百年前，同一个氏族还相对集中在某一个山垄或山坡上。在举办红白喜事的时候，整个部落都会送礼庆贺，同一氏族的人更是无条件地帮着东家操办。在我小时候，谁家要造房子，村里每个劳力都会前来义务帮工。谁家的猪病死了，全村每家拎走一块猪肉帮你分担；等到过年时候大家杀猪了，每家送一块新鲜猪肉来补偿你。

30年前一位村民英年早逝，全村人集钱集粮来养育他的几个遗孤。去年，一位村民骑摩托车撞死邻村一位老者，需要赔偿几万块钱，全村所有人家共同承担赔偿责任，当事人只要挨家挨户收钱即可。

在精神文化方面,村里有各种民间传说,也有从电视里接受的革命文化和娱乐文化。有的人热爱耶稣堂,有的人热爱佛寺和土地庙,还有本村独有的老嘎嘎庙。至于通神通鬼的巫术,也有完整的遗存。我曾经目睹一位老人在行法事时,将一只瓷碗咬破,像嚼蚕豆一样嚼碎吞下肚子。

当然,与本书的主题相关的是,咱们村没有一个具有政治权力的"国王"或"村王",这一点也与原始部落的政治状态颇为一致。

我在《国王的起源》和《性爱的起源》中,引述过许多人类学家考察苗族、彝族、基诺族等中国少数民族以及非洲、美洲、亚洲、大洋洲原始部落的著作,所有那些考察和描述,我都能落实到我的村庄里来予以对照和理解。我一边阅读一边想,我天生拥有一个这么好的"田野"和"现场",这是多么难得的学术资源啊。

一下子扯得太远了,就算是为我日后的学术发展留下一个伏笔吧。

现在回过头来说几句《国王的起源》。前几年,美国"国王"奥巴马上任不久,就在中东某个场合的演讲中指出,人类经过千万年的努力,才将国家领导人关在笼子里,对他的权力进行了必要的限制。他这样说当然是为了表现他们国家在制度上的优越。然而,这位律师出身的总统要是对人类史前史有一点点了解,或者哪怕仅仅读过一本摩尔根《古代社会》这样的书,他就不会得出这样错误的结论。

实际上,仅仅三千年前,地球上还没有任何一个"国王",没有滋生一点以权谋私想法的环境,更不要说将此想法付诸实施了。王国的出现,是最近三千年的事,以此为依托,才有了国王权力的问题。追索一下社会的起源、国家的起源、政治的起源以及国王的起源,对于我们今天的政治建设,具有不可或缺的借鉴意义。

多么希望这些知识能得到读者朋友的肯定和欢迎。当然,如果遭遇批评,也是不小的幸运。书中许多想法都是信笔写来,不成熟之处自然很多,堪称"可批性"很强。

在出版之前,一部分文章曾经先后在《南方周末》、《中华读书报》、《天涯》、《社会科学论坛》、《百科知识》、《书屋》、《读书》、《随笔》、《群言》等报刊发表过,借此机会向这几家报刊和鄢烈山、马莉、舒晋瑜、李少君、王雁翎、赵虹、张平、王凯、刘文华、吴彬、秦颖、吴志实等编辑朋友致谢!

在本书出版过程中,得到余佐赞、于欣、贾雪飞、许剑秋等业内朋友的大力支持,谨借前言向他们表示衷心感谢!

目 录

第二辑
底层的诞生 _____ 73

人类社会由氏族时代进入国家时代,所需要完成的第一项工作,就是规定谁是底层。一旦用强力制造出一个庞大的底层,国家就横空出世了。

第三辑
无人愿意染指的王冠 _____ 121

远古时代,国王的权力不是建立在暴力的基础上,也不是建立在玩弄权术的基础上,而是确确实实建立在为老百姓谋求福祉和利益的基础上。虽然没有现代民主国家的问责制,但是公众所加给国王的责任,几乎达到了残酷的程度。

第四辑
君权民授与选举传统 ———— 161

当权力与责任出现分离时，任何人都是毫不犹豫地抓住权力而放弃责任。而一个只要权力不要责任的国王，就是独裁者。人们把独裁者的时代命名为文明时代，真是绝妙的讽刺。

第一辑

主流的力量有多大

谁有强权谁就是主流，
谁是主流谁就是有文化。
更为可悲的是，
谁都没有足够的力量安守边缘，
谁都希望让自己显得有文化。
于是，
真正的文化一寸一寸地丧失。

非洲名模的割礼仪式及其社会背景

　　割礼本来是指对男女生殖器进行加工的手术和仪式,原始时代曾经流行于世界各地。目前国际主流社会所说的非洲女性割礼,专指在女孩进入青春期前后,将其阴蒂、大阴唇、小阴唇进行割除的手术和仪式。割除之后将阴道口缝合起来,剩下一个排尿的小孔。直到她进入婚姻状态,才能拆开这道封锁。

　　这种习俗起始于什么时代不可考(有人说起源于四千年前),至今依然盛行于非洲将近三十个国家。据联合国有关组织报告,估计全球有一亿两千万到一亿四千万女性被切割了生殖器,每年还有三百万女孩面临着生殖器被切割的危险。经过联合国等一些世界性组织的批评和介入,目前世界上依然每年有两百万女孩被实施割礼,每天有六千人会惨遭这种残酷手术之害。

　　对于这种手术的残酷性,旁人一般无法真切了解。世界超级名模华莉丝·迪里(Waris Dirie)是美籍索马里人,她在童年时期就遭受割礼手术,成名之后为此四处奔波,用她的亲身经历呼吁革除这种陋习,并成为联合国反对女性割礼日(每年2月6日)的形象大使。她对于自己割礼经历的叙述,震撼了许多读者,使人们对这种习俗有了感性认识。

（我大约五岁时）一天晚上,妈妈对我说:"你爸爸碰到了那个吉卜赛老太婆。她这几天就到。"

割礼的头一天,妈妈要我别喝太多水和奶,就不会老尿尿。……那天晚上,全家人特别照顾我,吃晚饭时我还多吃了一些。这是惯例,我每次看姐姐们割礼前都能多分些吃的,一直好眼红。睡觉前,妈妈说:"明天早上,时候到了我就会叫你。"……

那夜,我激动兴奋,难以入眠。不知时间怎么过的,突然母亲的脸俯到了我的头顶,叫我起床。天色尚早,正从漆黑缓缓转灰。母亲要我别出声,拉起我的手。我顺手抓起我的小毯子,睡眼惺忪地跟着她走。……我们离家里的棚屋越来越远,走进了灌木林中。妈妈停下脚步说:"我们就在这儿等吧。"我们一起坐在冰凉的土地上。天色模糊亮起,我还看不清景物形状。过了不久,听到吉卜赛女人的拖鞋打得地面嗒嗒响。母亲呼唤着那女人的名字,问:"是你么?"

"是。到这儿来。"声音传来,而我还是没有看到人影。忽然,她悄无声息地就站到了我身旁,指着一块平整的石头对我说:"坐上去。"……

妈妈捡块芩树根，然后把我抱起来放到石头上。她坐在我后头，双臂抱住我，让我把头靠在她胸口，用两腿夹着我的身子。我的手臂抱着她的大腿。妈妈把一块树根放到我的齿间，对我说："咬紧了。"

……我低头，从两腿间看过去。吉卜赛老妇快要准备好了。……她严厉地盯着我，眼睛里布满冰冷的杀气，随即低头在一个破毯子做的布袋子里翻找。……她伸进去长长的手指，捏出来一枚破损的剃刀刀片……我瞥见刀锋上的破口上，粘着干了的血迹。女人往刀片上啐了一口，在她的裙子上擦拭着。这时妈妈把围巾绑在我的眼睛上，我眼前一片乌黑，看不见了。

下一刻，我感到自己的肉，自己的阴部，被一下一下切掉。我听到刀片钝钝地在我皮肤上锯一个来回，又一个来回。……我坐在石头上，仿佛自己的肉身也变成了石头；告诉自己越是乱动，这痛就拖得越久。不幸的是，我的腿不受意志控制，拼命抖动，我在心中祈祷：神啊，请让它快点过去吧！祈祷应验了，我晕了过去。

等恢复意识，我以为折磨已经过去，没想到最恐怖的才刚刚开始。妈妈把蒙在我脸上的围巾取掉了，我看到刽子手老妇的身旁堆了一大把金合欢树的刺。老妇拿起树刺，在我皮肤上戳了一个又一个洞，然后扯过一根结实的白色粗线，穿过小洞，把我下身的创口缝合起来。我的腿已经完全麻木，可两腿之间疼得我求生不得，求死不能。疼痛模糊了我的意识，我感到自

已逐渐飘浮起来,飘到地面之上,把苦痛留在了底下……①

　　这种残酷的手术在观念上有什么依据?是为了实现什么目的?各民族在割礼起源的时代都没有留下相关文献,对于其真实的意图和观念依据,只能通过割礼地区现代居民的表述来追溯。这些居民所提供的意见归结为两种,第一种意见说,割礼是为了性的洁净,因为那些割除的东西是脏的;第二种意见认为,割礼是为了审美的需要,因为这样是美的。

原始部落妇女的命运

---

① [美]华莉丝·迪里、凯瑟琳·米勒著,赵为译:《沙漠之花:世界名模华莉丝·迪里自传》,漓江出版社,2012年,第47—50页。

　　我们不必在两种意见中赞成一种反对一种,因为不同的人群对同样的问题会出现不同的理解,所以这两种意见都是对的。何况,性的问题和美的问题,就其本源而言,这本身就是一个问题。达尔文曾经引述一位英国哲学家的话说,人类的衣服并不是起源于御寒的目的,而是起源于装饰动机。这个观点值得我们仔细斟酌。而装饰自己的目的是什么?无疑是为了增强自己在异性面前的性吸引力。至今我们还用"服饰"二字指称与衣服有关的文化艺术现象,这个名字就透露了服装起源的若干秘密。

　　问题的复杂性还不止于此,割礼习俗还有更加坚实的制度基础。据美国人类学家罗维(Robert Heinrich Lowie)研究,非洲马赛人每4年给刚刚进入青春期的少男少女举行一次割礼,这种割礼实际上是成人仪式。同一年举行割礼仪式的年轻人属于同一个"军事年龄级"和"婚姻年龄级"。所有同一年龄的少男在经过割礼之后组成同一个军事组织,驻扎在同一个营地,他们成为部族最主要的保卫者,也是实施军事行为的主体。日后的婚配中,他们也将跟同一个"婚姻年龄级"的少女相对应,也就是说他们只能从同一次实施割礼的那个年龄级的少女群中寻找配偶。①

────────────

① 参见[美]罗维著,吕叔湘译:《初民社会》,江苏教育出版社,2006年,第162页。

所以,每4年一次的割礼仪式,对马赛人来说是社会分群的一种文化标志。离开了这个标志,他们将不知道如何给自己的民族分群,不知道怎样组织军队,不知道怎样组织婚姻关系。所以,他们对少男少女生殖器官的加工,不但是对他们个体地位的提高(从此可以进入成人社会),也是组织社会分群和社会生活的基本方式。

马赛人是一个没有政治领袖的民族,他们只有一个卜师通过占卜决定军队的行止。割礼作为他们社会分群的原则之一,构成了社会制度的一部分,起到了组织社会生活、维系社会的秩序的作用。如果突然废除割礼,他们的社会将无所适从。

现在我们面临的问题是,割礼导致对身体的重大伤害,造成当事人的精神恐惧和痛苦,这一点为当今的主流社会(也就是强势文化)所无法接受。而超高跟鞋、隆胸等给人体带来的伤害是隐性的,能够得到当今的主流社会欣赏和鼓励。所以,全世界富于同情心的人士都在关心割礼,而不会用同样的姿态去关心隆胸和超高跟鞋。这会不会也是一种文化歧视?

我当然也反对割礼,但是我觉得反对割礼的时候必须注意一个问题——当一种文化认为只有实行了割礼的女性才是洁净的、美丽的、可信任的,那么,这种文化中的女性就只有通过割礼才能获得荣誉、地位和性选择的优势。也就是说,如果她敢于不实施割礼,那么她就将失去做一个体面人的资格,甚至面临嫁不出去的风险。这一点很像中国古代的裹脚。当年的裹脚就是一项关系到体面、社会身份和性选择权利的文化行为（尽管是残害人的文化行为——一种文化本来就不保证对所有的人都有利），一个女性如果敢于不裹脚，她不但无法争得一定的社会地位，甚至无法拥有起码的生存空间（直接的结果在性选择的市场失去优势，无法体面地嫁给一个体面的绅士）。所以，裹脚就成了女性保持性选择的优势、争取生存空间的一项积极措施，所以，哪个为孩子的前途负责的父母都不敢错过为女儿裹脚的时机。同样的道理，非洲割礼得支付一笔不小的手术费，可是再穷的父母也得咬紧牙关为女儿攒足这笔开支，因为事关女儿的前途和命运。

　　因此，在反对非洲割礼的事业中，有两点必须特别注意。第一，切不可因为那些人群还在实施割礼，就用歧视的眼光批评他们残酷和愚昧。历史上的许多文化现象，在旁人和后人看来，都是不可思议的，我们必须首先予以理解和同情，然后再以平等之姿态，促成他们的文化改变。第二，我们应该意识到，最重要的其实不是所谓"思想启蒙"，不是改变父母和女儿的思想观念，最重要的是改变一种文化环境及其走向。即使父母及其女儿接受了主流社会的人道主义观念，认为不应该实施割礼，可是，为了在相应的文化环境中获得性选择的优势和生存竞争的优势，他们还是会被迫选择割礼。所以，如果滋生和鼓励割礼习俗的文化环境不改变，单方面要求女孩和她的父母拒绝割礼，他们是不愿意配合的。

国王的起源

　　世界卫生组织认为,割礼陋习之所以在非洲一些国家屡禁不止,是因为政府对此未予以高度重视。按照我们的理解,要改变一个国家的文化氛围,最有效的办法就是由国家制定相关法律作为导向,同时由精英群体率先奉行使之形成风尚。这是一个世界性的常识,但在非洲未必完全适用。

　　世界卫生组织的批评源于他们对非洲政治文化缺乏足够的了解。在西方殖民者介入之前,非洲一部分地区还不知道国家和政府是什么东西。西方学者称之为"有序的无政府状态"。那个所谓"有序",乃是各个氏族和部落各自为政、自治自决的状态。另一部分地区处于部落酋长制之中,那是一种原始的民主制度,虽然也有国王和政府,虽然国王像神一样受到膜拜和奉养,可是国王的存废取决于各路酋长是不是愿意拥戴之。国王对酋长们所代表的各个部落、氏族的社会生活基本无力过问,他的权力仅能敲诈一些贡赋而已。所有部落和氏族的社会政治生活依然相当独立,自决其事。甚至还有马赛人这种极端"社会化"、很不"政治化"的民族,他们在为期不远的过去还没有自己的政治领袖,连仪式性的酋长也没有一位,出征打仗靠一位卜师占卜而定。

　　总之,非洲社会处于社会空间比较大、政府行为比较弱的状态。这些民族在殖民者退出之后仅仅执政几十年的政府,远不像中国和欧洲的政府那样具有两千多年控制社会资源、组织社会运动的经验和权威,他们对社会制度、文化习尚、国民行为模式的影响力远不像西方人和中国人所想象的那么大。为什么整个非洲被西方列强拉几根直线就瓜分得干干净净？就因为他们没有社会控制力强大的国家和政府。所以，他们即使有政府出面，也不会像当年的中国那样，政府一声令下，裹脚的现象就比较迅速地被废止，零星的遗存所维持的时间也不太长。事实上有不少（大约十个）非洲国家的政府制定过禁止割礼的法令，可是一直难以收到令人满意的效果。

对于割礼，无论国际社会多么重视，无论联合国组织如何利用"反对切割女性生殖器国际日"，不遗余力地给当事人群和政府施加压力，其效果都不可能来得太迅速。国际主流社会在实施反对割礼的措施时，必须具有清醒的持久战意识。

原始社会的奇怪死刑

民国时期,云南中甸中心镇一位名叫初称达瓦的藏民,在镇前神山上砍伐了几棵神树,被当地归化寺的僧侣抓获。按照宗教禁忌,神山上的一草一木都不可伤害,砍伐神树是非常大的渎神行为,也严重违犯了藏族社会的行为规范,必须予以严厉制裁。

僧侣们的判决果然十分严厉,初称达瓦所受到的惩罚是:他的头发被绑在马尾巴上,马拖着可怜的初称达瓦从他家门前一直来到归化寺。结果,浑身血肉模糊的初称达瓦,生命由此终结。①

用现代人的眼光看,仅仅砍了几棵树就被执行死刑,未免太残酷了。可是每种文化环境的游戏规则是不一样的,其法律也就不一样。既然法律不一样,死刑适用的罪行也就不一样。

在那些组织结构比藏族更加简单的社会,五花八门的死

① 参见杨学政:《原始宗教论》,云南人民出版社,1991年,第62页。

刑可能令现代人瞠目结舌。有的原始社会根本没有宪法和刑法，而只有私法，连杀人这样的犯罪行为也不会引来政府的制裁，因为他们根本没有政府。被杀者亲属自然地担负着复仇的责任。而复仇的对象并不限于杀人者本人，如果被杀者亲属有机会对杀人者亲属下手，那也算是复仇。一些氏族或者家族就这样相互复仇，于是造成了"世仇"。

最奇怪的复仇出现在澳洲第厄利族，"他们故意把死刑加之于凶犯的哥哥身上而不是加之于凶犯本人"①。按照许多其他民族的规定，复仇的屠刀可以砍向包括凶犯哥哥在内的若干亲属，但那是在对凶犯本人复仇不方便的情况下发生的——复仇者最希望杀死的肯定是凶犯本人。可是在第厄利族的习俗中，凶犯本人可以逍遥法外，他的哥哥却必须承担后果。这种奇怪的规定可能只有独此一家，堪称举世无双。

也有杀人者为了避免遭遇复仇，愿意用赔偿财物的方式了结仇恨。在既没有复仇也没有赔偿的时候，这两家亲属绝对不可以在一起吃喝。杀人者亲属不可到被杀者亲属家吃喝，被杀者亲属也不可到杀人者亲属家里吃喝。不但如此，连在第三者家里相遇并一起吃喝也绝不可以。这种禁忌严重到什么程度？严重到一旦发生就必须将当事人处死。这个社会认为这样的人必须处死，没有饶恕的余地。非洲中部的努尔

① ［美］罗维著，吕叔湘译：《初民社会》，第239页。

人部落,在20世纪的上半叶还使用着这样的法律。①

在南太平洋地区卡伊人的社会,一个偷农作物的贼如果就在农田中被当场抓住,那么可以立即将他处死。在今人看来,这种过失与如此严重的惩罚真是太不对称了。②

美拉尼西亚地区的班克斯群岛,男人们长大了都得加入男子公会,而且都生活在公会的公共营房里。营房分为一个个房间,公会内部有非常严格的等级制,每个等级的会员使用着不同的房间。如果谁冒昧地闯进了比自己等级高的房间里,那么这个人必定要被处死。③如此严厉的刑罚是为了促进人们对于这种等级制的严格遵守,它反映的是等级制的严厉程度。这种程度几乎超过了后来阶级压迫最为严厉的阶级社会——比如奴隶社会,一个奴隶还不至于因为走进了主人的房间而被杀头。

在南太平洋地区的萨摩亚人中,一个部落在一个空旷的广场上举行会议时,禁忌一切外人闯入。如有冒昧闯入者,那他就必须被处死。④

非洲的祖鲁人对待士兵的要求特别严格。打仗的时候如

---

① 参见［英］埃文思·普里查德著,褚建芳等译:《努尔人》,华夏出版社,2002年,第179页。
② 参见［美］罗维著,吕叔湘译:《初民社会》,第124页。
③ 参见［美］罗维著,吕叔湘译:《初民社会》,第165页。
④ 参见［美］罗维著,吕叔湘译:《初民社会》,第216页。

果有人退缩，这个人自然要被处死。另一种情况就很有点不合情理。每次打仗结束，军官们必须检举出怯懦者以供屠杀，即使这次战争个个英勇善战，没有一个懦夫，也必须找出某个懦夫来供死刑之需。① 这显然是一种杀一儆百的立法思路，为的是警戒下一回谁也不要怯懦退阵。为了达到警戒效果，那个并未怯懦却遭到屠杀的人成了族群的牺牲品。

原始人一般非常注重对具有财富的人表示尊重，他们常常选那些富人当酋长（说是选，实际上常常是自然形成的），但是他们的目的是要富有的酋长经常设宴招待大家。如果自己的酋长很吝啬，积聚了财富而不及时拿出来让大家分享，那么大家就会将酋长处死。有的酋长就因为散财晚了一步而一命呜呼。

在非洲约卢巴，氏族内部掌握最高权力的是一个老人集团，他们常常选出一个行政长官，作为这个老人集团的傀儡，表面上看，处理行政事务的是他，实际上他事事都得听从老人集团。如果行政长官不愿意与老人集团合作，他们就以神断证明长官继续任职有违神意，并送上一包毒药。

对于个人积聚的巨额财富，老人集团也不会轻易放过。如果某个暴发户舍不得通过约定俗成的渠道将财富的大部分贡献给社会，老人集团便会找一个刑事罪名控告他，并按照民族传统举行一个神断，因为在非洲，一切案件最后的判决权都

---

① 参见［美］罗维著，吕叔湘译：《初民社会》，第223页。

在神而不在人。当这个倒霉的富人被召来举行神断的时候，老人集团早就做好了神签，无论抽到哪个签都会显示：神认为你有罪。于是这个富人立即被处死，他的财产由老人集团和行政长官瓜分。①

非洲阿散蒂人有一个极为奇怪的法律，一个孕妇如果犯了死罪，不能在生产之前处决她，死刑必须等到她生下孩子之后再执行。奇怪之处在于，生产之后，要将婴儿与这位母亲同时处决——他们不处决孕妇并不是为了保护无辜的孩子，而是等到孩子出生以后，成了一个有意识的生命，好向孩子宣告死刑及其原因，然后再行处决。因为按照他们的观念，一个人如果将要被处死，他的灵魂必须知道他为什么被处死。孩子处于母腹之中，没有自我意识，如果将胎儿跟孕母一起处死，就违背了这个社会的宗教信仰。但是，这个无辜的孩子出生之后跟母亲一起赴死，却不违背他们的游戏规则。

在这个阿散蒂人社会，一个男人如果与一个正行月经的女人发生性关系，这个男人就得被处死。

如果谁胆敢在灌木丛中强奸一位已婚妇女，这个强奸者将被处死。

跟首领的妻子们通奸者也要处以死刑。

更为奇怪的是，阿散蒂人并不将辱骂他人看作是个人修

---

① 参见［美］罗维著，吕叔湘译：《初民社会》，第227页。

养方面的私事,而是看作犯罪。骂一句平民都是犯罪,若是对最高首领有辱骂或者其他冒犯行为,更得处以死刑。

阿散蒂人似乎是一个滥用死刑的社会。

阿散蒂人的法律还有一个奇怪之处。一个人如果自杀身亡,不管你是出于什么原因,必须将自杀者的遗体送到法院受审。法官将对着遗体严肃地宣告他的罪行,接着砍下遗体的头颅。这样做的依据是,只有国王才可以处置他人生命,自杀者随意处置自己的生命,显然是冒用了国王的权力,而且有藐视法庭之嫌,所以必须追究其责任。①

---

① 参见〔美〕霍贝尔著　周勇译:《初民的法律:法的动态比较研究》,中国社会科学出版社,1993年,第266—271页。

为什么可以随意宰杀奴隶

奴隶制度是人类社会非常独特的现象，不可想象在猴子社会或者鲸鱼社会也有奴隶和奴隶制度。

奴隶是社会结构中处于最底层的一个人群，他们只是主人的劳动工具，主人的财富。这样给他们定位并不是一种夸

非洲刚果人处决囚犯

张的说辞，而是由历史上千千万万奴隶的命运证明了的结论。单由奴隶可以随意被杀戮，就可证明这一点。

我们知道一个瓷器古董是主人的财富，这个说法没人会反对。当主人随意摔碎这个古董的时候，这个古董作为财富的功能立即得到了最富于戏剧性的体现，这就更加证明主人是个富翁。

奴隶有时候也会像那个古董那样被摔碎。在哥伦比亚印第安人中，人们渴望积聚财富同时也渴望超越财富，所以不同的个人之间、氏族之间、部落之间有时会举行斗富宴会。谁在这个宴会上散财越多，他就越能获得巨大的社会声誉。有时候，他们并不仅满足于散财，而是可着劲儿比赛毁坏自己的财产，以此实现对财产的超越——那被毁坏的财产中，就包含着奴隶。奴隶是显示财富的工具之一而不是全部。当一个奴隶主杀了自己的奴隶来显示自己有的是奴隶、根本不用在乎少几个的时候，另一个奴隶主当然只有当场宰杀更多的奴隶才能占上风。① 这种血溅宴席的屠杀奴隶比赛，的确是人类社会一道非常奇特的惨烈风景，在别的物种中无法欣赏到。

若是人们遇到什么难堪的事情，比如在某种社交场合受到羞辱，也用宰杀奴隶的方式来摆脱、洗刷之。② 这也是人类

---

① 参见［美］罗维著，吕叔湘译：《初民社会》，第205页。
② 参见［美］罗维著，吕叔湘译：《初民社会》，第211页。

的一大特点。没有奴隶的人遇到什么烦心事儿,常常以殴打自己的孩子来发泄和平息。拥有奴隶的人看来比平民更有条件疼自己的孩子,他们可以通过杀奴隶来化解心理危机。

奴隶还有许多场合可以派用场。比如建造房子的时候,需要杀人奠基。按照原始社会的惯例,是到其他部落去抓人来杀头的。可是如果最近不愿意举行军事行动,那就只好给家里现成的奴隶派上这个用场。在中国云南佤族地区,历史上一直流行猎头祭神的习俗,发展到近代,也许因为与周边社会的交往越来越频繁,陌生部落、世仇部落越来越减少,猎头变得越来越不方便,于是他们渐渐转变为买卖人头以祭神。

用于买卖的人头来自何处?来自奴隶的脖子上方。[1] 奴隶在这个时候终于派上了出售谋利的用场。将奴隶的头颅卖给人祭神,比那个摔碎古董的人更划算。首先他有奴隶可供卖头,证明他很富有;其次奴隶的头颅并不是给他显示了财富就消失,而是转换成了金钱,这是财富存在的另一种形式。

为什么奴隶主(其实也就是普通人)可以如此随意地屠杀奴隶呢?

这跟奴隶的来源有关。人类社会最初的奴隶都是来自战俘。按照古代的游戏规则,作战双方对于战俘都是全部杀戮,有的还会将战俘吃掉。后来人类的智商忽然提高了几分,感

---

[1] 参见杨学政:《原始宗教论》,第213页。

觉将战俘白白杀掉有点失算，倒不如留着派些用场，比如下一次需要人牲祭神，不就是现成的吗？比如让他们带着枷锁劳动，不就可以给我们净钱了吗？想到这些主意，古人一定兴奋得拍着后脑勺哈哈大笑。

既然这些奴隶本来就是可以立即屠杀的战俘，那么拿到斗富宴会上杀掉，不过是推迟了宰杀的时间而已，这在道德上没有什么过意不去的。就像一个人被判了死刑，本来说是4月份处决，可是行刑机构不知出于什么考虑，要拖到10月份执行。到了10月份，他们用不着重新宣判一次，只需要将案犯抓过来就直接砍。在砍刀落下去之前，没准刽子手还可以向案犯敲一笔小费，理由是我让你白赚了半年时间。

的确，那些被随意屠杀的奴隶，只是被推迟了杀戮时间的死囚。这样给他们定位，那些取其头炫耀财富或者取其头换取财富的人，绝不会有半点忐忑。

可是还有一个问题需要解决。那些留着日后派用场而暂时没有杀头的战俘，在他们自然死亡之前未必可以用光。再说为了让他们更多地干活创造新的财富，也必须留下若干一直拼命劳动。这样他们中的一部分就有机会繁衍下一代。

对奴隶的下一代该如何发落？奴隶的儿子当然还是奴隶，这个规矩其实直到现代社会也没有改变。印度一部电影中，上流社会的人们众口一词地说：法官的儿子还是法官，贼的儿子只能是贼。这句格言强调了阶级地位世代沿袭的游戏规则。当上流社会的人强调这句格言时,是在维护本阶级的一种权利,用以避免自己的地位和权利给底层人取代,还得避免自己的后代沦落为补鞋的、讨饭的、靠个人人力盗窃的(只有通过制度实现的盗窃才是安全而又高贵的)。而一个社会的游戏规则从来是由上流社会制定的,所以,当上流社会的人认为这个游戏规则不能改变时,那就肯定不会改变。在奴隶身上,这个游戏规则当然尤其不可更改。

于是,出现了一个问题:奴隶的下一代并不是战俘出身,他们并没有经历在战场上被俘、战战兢兢等待处决、最后又喜出望外地被告知暂时不予处决的心理历程,他们并不是那些被推迟了处决、还庆幸自己白赚了时间的人,所以当奴隶主将这样的奴隶拉到斗富宴会上随意砍头时,他们将如何接受这样的命运?

这还有什么不好解释的吗?一个人的命运本来就是被外力强加的,不接受也得接受。比如人类的整体命运是造化(上帝?)强加的,牛马服役的命运是人类强加的,猪羊祭神的命运也是人类强加的,农民纳粮的命运是朝廷强加的,补鞋匠的儿子还得补鞋是社会分层模式强加的,泥鳅在热锅里蹦跶是厨师强加的,南宋向金国进贡是金国强加的,清朝向八国赔款是八国联军强加的,非洲黑人到美洲去当奴隶是殖民者强加的,印加王国消失了是西班牙殖民者强加的,纽芬兰的原住民种族灭绝了是英国殖民者强加的,美国印第安人丧失了广袤的家园是那个号称最民主的国家的上流社会强加的,等等等等,所有这一切你能不接受吗?有你选择的余地吗?

同理,那些奴隶或者被杀掉,或者被卖掉,这完全是由人类社会具有控制力量的群体所决定的。奴隶一词的引申义就是任人宰割,真是对极了。

令人不可理解的是,通常人们都说只有产生了国家才会出现阶级的分野,而奴隶阶级正是国家产生之后第一个被压迫的阶级。实际情形却比这样的公式复杂得多。在有的地方,奴隶产生在国家之前,也就是说,在原始社会,就存在着奴隶。罗维的《初民社会》是专门研究原始社会制度的著作,书中涉及奴隶的问题甚多,可见原始社会的奴隶现象已经比较普遍,只是人数未必很多,很可能是社会总人口的少数。

非洲祖鲁人的战争舞

　　但是也有例外,中国的彝族就是这样的例外。彝族在1949年之前并没有国家政权也没有规模大一点的部落联盟、酋邦之类的准政权形式,他们各个家族互不统属,有时候和平共处,有时候残酷厮杀,很像原始社会部落间的关系。可是这个原始社会却具有最大规模的奴隶人口。据1940年前往考察过的人类学家江应梁说,那个时候凉山彝族总人口估计50万—100万,其中黑彝奴隶主占人口的五分之一到十分之一,主要由汉人构成的奴隶人口占十分之八到十分之九。奴隶人口比率之高不亚于古希腊典型的奴隶制国家。①

---

① 参见江应梁:《凉山夷族的奴隶制度》,李文海主编:《民国时期社会调查丛编·少数民族卷》,福建教育出版社,2005年,第175页。

古人造房竟然杀孩子奠基

2007年1月17日，网易转载了一条报纸新闻，题为《谣传建桥用小孩献祭》，全文如下：

（2007-01-17 09：12：00 来源：半岛都市报）

本报重庆讯 一多天前，一个荒诞的谣言开始在重庆奉节县朱衣镇不胫而走。谣言说，因修建奉节到云阳高速公路，工地方将在当地寻找18名12岁以下的童男童女献祭，部分学童因此怕上学。1月15日，记者前往朱衣镇进行了实地调查。

朱衣镇是一个大镇，全镇各种中小学校32所。对于童男童女填桥的谣言，几乎人人皆知，还出现了"一个孩子卖给工地价值40万元"等新谣言。

而据当地民警介绍，针对传言，警方曾出警调查，证实一切都是虚假的。目前，警方没有接到一起关于学生失踪的报告，一切都是不明真相的老百姓在瞎传。（刘庆）①

---

① http://news.163.com/07/0117/09/351E5V9P0001124J.html

在21世纪流传这样的谣言，而且导致许多人心怀恐惧，真的不敢去上学，堪称不可思议。

然而，谣言虽系无稽之谈，事由并非空穴来风。为什么这样说？因为用儿童的生命和身体为重要的建筑物奠基，的确是远古时代较为流行的一种习俗。据一位当代学者的研究，在中国大地上，至迟在仰韶文化时期，就已经开始了用献祭和埋葬儿童的方式为建筑物奠基，后来的龙山文化、夏商文化，儿童奠基之风尤甚。仰韶文化是中国新石器时代中原文化的考古学命名，很可能是今天所谓中国文化的正宗起源。考古学家所发现的第一个人体奠基实例，出土于西安半坡遗址。"在遗址的第一号长方形房子的居住面地下，发现一个有砍削痕迹的人头骨和一件粗陶罐共存。有学者推定，这个人头是这座房子奠基时使用的人牲。理由是，这座房子是半坡居民举行自然崇拜仪式的场所，故在奠基时杀人祭奠。"①

半坡遗址先民活跃于五千年之前。也就是说，就目前已经发现的考古证据而言，中国的奠基牲已经具有大约5000年的历史。

半坡遗址那个可能用来奠基的人牲是不是儿童，研究者没有肯定，而20世纪90年代，在发掘郑州北郊一座仰韶文化遗址时，所发现的奠基牲可以肯定是婴儿，却是学者们作过明

---

① 黄展岳：《古代人牲人殉通论》，文物出版社，2004年，第14页。

确判断的。"在多座房基底部和城墙基部都发现有盛放婴儿骨骼的陶器(陶罐或陶鼎)。婴儿骨骼不完整,有的仅见头骨和部分肢骨,有的缺下肢,证明系杀害肢解后放入的。出土时,发现陶器在房基垫土中多层埋放叠压,说明埋放盛婴儿陶器的仪式并非一次性完成,应是在房基垫土过程中随时挖坑填埋的……西山城墙和房基建筑中的奠基杀婴埋置现象,应是当时建筑过程中举行某种特殊意义的祭祀仪式。"①

分布于河南、山东、安徽北部、山西东部的新石器晚期文化,被考古学命名为龙山文化,距今4500年至4000年。龙山文化是仰韶文化的继承和发展。仰韶文化中以儿童给重要建筑物奠基的传统,被龙山文化发扬光大,目前发现的有奠基人牲遗迹的考古遗址比较多。这些用于奠基的人牲没有墓圹,没有随葬品,而是简简单单放在瓮棺或罐棺中,埋压在房基或墙基、墙体之中,随埋殉夯。

黄展岳在《古代人牲人殉通论》中列举了龙山文化中可以推定为奠基人牲的4处考古遗址,它们是安阳后岗遗址、永城王油坊遗址、登封王城岗遗址、汤阴白营遗址。其中登封王城岗遗址被推定为夏王朝最早的都城,而且处于著名的嵩山少林寺附近,所以知名度很高。这里发现了13个奠基坑,其中仅13号坑就发掘出儿童头骨5个和少量肢骨。这4个遗址

---

① 黄展岳:《古代人牲人殉通论》,第14页。

中,至少发现奠基牲60具,其中绝大多数是童牲。此外还有少量男女成人牲。

面对这么多的考古证据,不容你不承认中国历史上确实流行过以儿童(有时候也有成人)为重要建筑物奠基行祭的习俗。那是远古时代原始宗教的一部分,用今天的眼光视之,当然要指责其残忍愚昧,但是人类的历史就是这么走过来的,人类的精神意识似乎非得这样一步一步演变不可,无法用今天的观念要求古人的行为选择。如果我们出生在那个时代、生活在那种文化氛围之中,我们多半不是举手屠杀者就是打夯者。人什么也不是,就个体而言,人只是文化的承载者和体现者;就群体而言,人只是按照某种特定的文化观念奔走于天地之间、奔波于人间社会的一个物种。

仰韶文化和龙山文化时期,我们的先祖为什么兴起了这样的习俗?为什么形成了这样的文化观念?这是一个很复杂的问题,估计这个习俗跟父系社会时代刚刚形成时杀死长子的习俗密切相关,还必定跟古人的神灵观念密不可分。详细的分析解说有待日后讨论宗教问题时进行。

以童牲奠基的习俗终结于什么时候?目前不详。与此性质相近的杀人祭祖、杀人殉葬的习俗,在中国文明史上连绵不绝,直到清代末期还时有显现。这个待日后讨论殉葬制度时再予以细说。

我们再回过头来讨论童牲问题在我们民族意识中的隐隐

约约的记忆。我大约10岁的时候，跟我母亲一起去外婆家，路经马涧桥的时候，正赶上那里修造钢筋混凝土的公路桥（就叫马涧桥），旁边临时搭建了一座木桥供行人车辆过河。在接近那个工地的时候，母亲很严肃地叮嘱我，等下过桥的时候，如果听见背后有人喊你的名字，你千万不能答应，也不能回头看。我反复追问为什么，母亲告诉我，凡是造大桥大屋，都有鬼在寻找一个孩子奠（垫）桥脚或者屋脚，如果那个鬼喊应了谁，谁的魂心（灵魂）就要压在桥脚或者屋脚下，人就要死掉。

在我们当地，每当一个建筑工程出现死亡事故，村里人都解释为这是奠基的牺牲。可见，远古时代以童牲和成人牲给重要建筑物献祭的恐怖习俗，至今还残留在民族记忆之中。精英人物的著作不屑于记述这些"愚昧"故事，但是民间社会一直是保留古老历史记忆的"神经丛"。

重庆那个关于寻找儿童给高速公路的大桥奠基献祭的谣言，征诸事实纯属编造，但是考诸民俗，这正好是古代童牲奠基献祭之历史记忆的一种隐晦表现。一个民族的历史要想从记忆的"神经丛"上完全抹去，是历万世而不能的。

史前时代怎样记住祖先世系

　　如今汉族刘姓都说自己是唐尧的后代，王姓都说自己是虞舜的后代，李姓都说自己是皋陶之后，孔姓都说自己是孔子之后，这些说法都有依据吗？唐尧虞舜，远在夏代之前，那时只有陶器上刻有一些简单的符号，尚无文字体系，更无历史记载，后人何以能够记住那么遥远的祖先？何以追溯那么遥远的世系？

　　即使有了文字之后，也只有王侯用文字记录自己的世系，一般人家或者不会使用文字，或者即使使用文字也不至于记录祖先世系。成熟的宗谱制度出现于宋代，在宋代之前，普通人家怎样记住祖先世系呢？

　　答曰：口口相传。

　　这口口相传，绝不是背诵一道家庭作业，而是体现为一套严整的社会制度。

　　第一，这是宗教制度的要求。在原始社会，所有的部落都有祖先崇拜。凡敬拜祖先神者，列祖列宗必定长期活在后代的仪式活动中和念叨中。

在中国西南苗族地区，祭祀祖坟是一件大事。"每年正月初三大家都要去拜祖坟。拜祖坟的时候，寨子里所有同姓的家族全部参加，由一个人牵头张罗，每家出点钱，然后大家一起买点酒和纸到山上去，每个家族由一个领头的人，带着大家祭拜。以往祭拜的时候，都会说很多的话，也会谈到祖先的来历，但现在说得少了，拜完祖坟就回来了。拜完祖坟还会到这12个寨子云串坟，所谓的串坟就是在这些寨子里，都有自己祖先的亲戚，在拜祖坟时不仅是拜自己的祖先，也拜祖先的亲戚们。"①

在汉族社会，各个村庄的死者集中安葬在祖坟山上，考古学证明中国祖先一直是这样安葬死者的。汉族乡村祭祀祖坟山的活动，是最大的宗教活动。有的游子或移民必须行程几千里，前往祖源地祭祀祖先。在这样的祭祀活动中，一个氏族或者姓族的祖先和历史就进入了集体记忆。

第二，这是氏族制度的要求。原始社会实行特定氏族之间的集体婚配，尤其要避免血亲之间的婚配。在母系制时代，同母所出者不可婚配；父系制时代，同父所出者不可婚配。这就需要准确记住自己的祖先世系，绝不可稍有含糊。如有差错，

---

① 方李莉：《梭戛日记——一个女人类学家在苗寨的考察》，学苑出版社，2010年，第112页。

则会导致干犯天条。摩尔根（Lewis Henry Morgan）在《古代社会》中引述过前辈学者卡佛的考察报告，报告说："印第安人的每一个单独的集团都划分为若干群或若干部，这种群或者部在其所属的族类中形成一个小团体。一个族类具有某种特殊的标志，以区别于另一个族类。同样，每一个部也有自己的徽号，人们就用这个徽号来称呼它……他们当中最低能的人也记得住自己的世系，并根据自己所属的家族来标志本身。"①

由于氏族是一个不断裂变为更小单位的血缘组织，每个人既属于最小的氏族群体的血缘亲属，同时也是最遥远的祖先包括始祖的血缘亲属。一个原始人必须懂得自己跟始祖的亲属关系，跟始祖以下各个分支的血缘关系，以及跟最亲近的亲属群的血缘关系。当一个人强调自己是老虎氏族的时候，意味着他跟老虎氏族所有成员都具有亲属关系，同时还意味着他跟豹子氏族也存在稍稍遥远一些的亲属关系。在婚姻伙伴的选择上，他肯定不会选择豹子氏族的异性，因为他们是近亲。

由于史前时代是一个熟人社会，平时朝夕相处的都是本氏族的亲属，如果偶尔跟其他氏族、其他部落的人交往，追溯各自的血缘根源、明确双方的血缘关系远近是十分重要的事情。

---

① ［美］摩尔根著，杨东莼等译：《古代社会》，江苏教育出版社，2005年，第152页。

在中国的凉山彝族地区，黑彝非常注重自己的世系。孩子刚刚懂事的时候，父亲必定会亲口教孩子背诵几十代祖先的名讳和世系。两个黑彝相见，第一道礼仪便是互相"盘根根"，也就是各自把几十代祖先的名讳世系一口气背出来，据此比对双方是不是同族，血缘关系有多远，是从哪一代祖先分支的。根据血缘关系的远近，把握双方关系的深浅，这在熟人社会是非常重要的。①

第三，这是社会地位的要求。从原始社会后期开始，族群内部就有等级区分。随着社会组织的复杂化，人们高低贵贱的分化越来越明显。所有那些出身高贵的人，无论他能不能保持住相应的社会地位，都一定会牢牢记住自己高贵的出身，以证明自己的非凡价值。

那些出身低微的人群会不会冒充高贵族群，以至于大家都将血脉追溯到唐尧虞舜？我们只要重温一下阿Q和赵太爷的故事就可以明白了。阿Q有一回斗胆说他姓赵，赵太爷义愤地赏给他一个巴掌，不让他姓赵。高贵出身的群体在社会分层结构中居于优势，成为社会资源的控制者和社会财富的享用者，他们有能力阻止那些卑微群体冒充高门的企图，无论是从祖先崇拜的宗教感情出发还是从阶级地位和经济利益出发，他们都会看紧自己的"高贵之门"。

---

① 参见江应梁：《凉山夷族的奴隶制度》，第184页。

再说，出身问题关系到祖先崇拜也就是关系到宗教感情，那些出身卑微的人未必愿意放弃自己的祖先去礼拜别人的祖先。追记祖先世系，关系到自己的身家性命，哪能稍有懈怠呢？在宗法制社会，背叛祖先，奉祀他人的祖先，被看作最大的耻辱。所以，即使是那些地位低贱、世系卑微的氏族或姓族，也绝不会以皈依到别人的族系为荣。

在没有文字记载的时代，一个人对自己的血缘世系究竟可以追溯多远？我列举两个相关例子。

1942年，黑彝酋长乌抛勾卜和乌抛哈卜兄弟，给汉族的人类学家江应梁背诵了38代祖宗的名讳。[1]

南太平洋地区的毛利人可能是世界上最讲究世系门第的民族，他们不但讲究父系门第，还讲究母系门第。他们为了证明自己的高贵，不但要记住父系的血脉传承，还要记住母系的血脉传承。所以，他们口口相传的家谱，比中国书之竹帛的单系（父系）家谱复杂得多。近代西方人类学家曾经听一位毛利军人追溯他的世系达65代，直到天地初开为止。[2]

如果以每两代人具有30年代际距离计算，38代为1140年，65代为1950年。也就是说，人类学家见证过的口头家谱，可以追溯两千年以来的世系。

---

[1] 参见江应梁：《凉山夷族的奴隶制度》，第184页。

[2] 参见［美］罗维著，吕叔湘译：《初民社会》，第205页。

由此推断，人类史前时代所流传的各种传说，并不是没有依据的编造，它们最初肯定是很准确的知识，只是在后来的口口相传中有所演变而已。

两千多年前，当司马迁下笔为浩浩中华写作通史的时候，他对于远古历史的叙述，具有传说、文献、田野调查三重材料相互参证的优势，即使仅就传说部分的证据而言，也并不是无稽之谈。伏羲女娲之说，可能因过于久远而漶漫，但是黄帝炎帝事迹，离司马迁的时代可能也就三千年左右。至于尧舜禹汤，年代更是一代代拉近。参照那位毛利军人背诵两千年家谱的记忆事例，司马迁所记下的那些传说绝非子虚乌有。

何况，司马迁之前很多代，人们就已经留下了不少黄帝炎帝时代的材料，那些材料成形的年代，离炎黄和尧舜活动时代已经不算十分遥远了。

民间传说所保留的历史事实和知识，比我们所想象的要准确得多。我只举一个例子，河南省登封市嵩山脚下，离著名的少林寺不远的一个河湾里，有一片台地，当地乡村居民说这里即是夏禹的都城阳城，并一直称之为"王城岗"。前些年考古学家的发掘研究表明，那里应该是夏代的都城遗址。民间的传说和命名经过近四千年的演变而依然如此真实、如此准确，这是很有说服力的。

古代社会遗弃老人的习俗

　　一百多年前，达尔文在非洲考察的时候发现过一个遗弃老人的部落。那个接待过达尔文的原始部落，还跟北京山顶洞人一样住在山洞里或者树窝里，而且不穿任何衣服（据说人类在七万年前就已经开始穿衣服了，这个非洲部落竟然比他的祖先落后这么多年）。最令达尔文惊讶的是，这个部落总是把年老的妇女放逐到森林里让她们饿死。达尔文请教他们为什么这样做，他们的酋长回答说，妇女是生孩子的，年长的妇女既然不会生孩子，还留着白吃饭干什么呢？

　　这个回答尽管赤裸裸，但是真实而又简明。在那种生存资源极为缺乏的环境中，人类奉行的生存战略就是如此残酷。有限的食品与其养活老人，不如养大孩子，因为孩子长大了就成了生产力，可以生产更多的食品。可是如果食品过于匮乏，连孩子也难以养大了，那种环境中的人就选择吃孩子。首先杀死孩子就为青壮年省出了粮食，其次孩子还可以作为食品补充生产的匮乏。在这样的生存逻辑面前，伦理感情、亲情本能真是太微不足道了。

　　遗弃老人的故事不只发生在非洲。古代朝鲜有一种流传广泛的习俗，凡是丧失劳动能力的老人，都被遗弃在山上，任其死亡。传说某年月日，父子两人一起将已经老迈衰朽的爷爷抬到山上，回来的时候，父亲把那抬老人的筐子扔掉了，可是儿子又把那筐子捡了回来。父亲说已经没有用处了，捡它干吗？儿子说，怎么没有用处呢，等你老了，再用这筐子抬你呀。父亲感到惊愕不已，推己及人，立时有了良心发现，赶紧将老人抬回家来，好好赡养。从此，朝鲜就结束了这种残酷的习俗，变遗弃老人为敬养老人。①

　　想来这个故事并不是随意虚构的，而是一段遗弃老人的漫长历史在精神文化领域的折射。现在的韩国成为了世界上最敬老的社会，想必就是对这段历史的拨正和超越。

　　韩国的邻居中国，古代也有遗弃老人的传统。在湖北武当山地区，人一到60岁，就被年轻人送到野外的一只土坑里，这种土坑通常80厘米高，50厘米宽，200厘米长，正好可容一人躺着或者坐着。老人住进土坑，家里人会送饭3天，然后就冻饿而死。此后，子孙后代再将老人遗体弄出来安葬（二次葬即安葬遗骨的习俗，也许就是这样发展起来的）。

　　前不久，湖北省丹江口市官山镇西河村党支部胡书记向

---

① 类似故事在中国"二十四孝故事"中有"原谷拖舆谏父"。

考察者介绍说：古代遗留下来的这种土坑，被当地人叫作"寄死窑"。这样的窑坑在该村及邻近著名的"民歌村"吕家河村共有二十多处。整个官山镇发现了大约四十多眼古时遗留下来的"寄死窑"。

那个非洲部落如今面貌如何，无可查证。中国人的习俗早就大有变化，尽管不是每个家庭都做得很好，反正公开将老人遗弃在山洞里的做法不复重现。相反，中国的典籍记述着许许多多尊老敬老的箴言和故事，这些典籍构成了一种强大的文化传统，似乎有意跟这种遗弃老人的残酷传统进行着一场持续几千年的艰苦卓绝的斗争。

两种传统的搏斗谁胜谁负？当然是那种残酷而又古老的传统失败了。可是，敬老尊老的传统究竟是如何取胜的呢？武当山地区流传着一个斗鼠故事，体现了这种习俗转变的观念依据。故事说某年月日，某外国使者带来一只硕大如黄牛的"犀鼠"，欲同麇国斗鼠，约定斗败者必须向对方称臣纳贡。麇国朝廷上下尝试了所有的办法，都斗不过那只犀鼠，即使派凶猛的老虎上场，也败给了那位挑战者，举国上下因此一片惊慌。

一位不忍心将年迈的父亲送去寄死窑里受罪，而偷偷地将老人养在家里的农民向父亲说及斗鼠事。老人告诉儿子："老鼠的天敌是猫，如果养一只猫养到十三斤半，就可以打败那只犀鼠。"农民将这个主意报告给王公贵族，朝廷别无他计，只好按照此说试试看，果然用一只猫打败了那只所向无敌的犀鼠。国王奖赏农民时，农民说这是自己年过60岁的父亲想出的计策，国王听后认识到"老人是个宝"，于是下令废除了弃老于寄死窑的规矩。

一位研究民俗学的中国学者说，像韩国的筐子、中国的猫这样的表现尊敬孝养老人习俗确立与普及的类型故事，至少在亚洲范围内非常普遍，印度、日本、印尼等国家均有同类故事传世。由这样的故事推断，遗弃没有劳动能力的老人，在古代可能是遍及各个民族的普遍现象。一位欧洲学者曾经详细介绍了古代社会处死失去健康的国王、巫师、祭司的习俗，有的民族的巫师年迈以后甚至挖个坑让后代将自己活埋。其实，国王、巫师、祭司虽然不履行采集果实、耕作农田的任务，但他们所从事的职业也仰仗于强壮的身体和旺盛的精力，一旦年迈体衰也就相当于失去了劳动能力，处死他们的观念依据就是他们对于国家和社会已经没有功用了。这与老百姓遗弃衰老的父母是同样性质的事情。

但观念和习俗的转变依据不同，他们产生的效果也会大相径庭。韩国筐子的故事说明，他们从遗弃老人到赡养老人，习俗转变的契机是内心的良知发现，那位老人的后代是受到人道主义观念的支配，才毅然放弃了古老习俗对自己的约束，从善意和孝心出发，真心实意地赡养失去劳动能力的父母，这种观念依据与遗弃老人的观念依据完全不一样了。这才体现了人类精神的内在发展。今天的朝鲜民族，老人一到六十岁，就举行一个盛大的仪式，开始享受一个老人所应该受到的尊重、闲暇和安逸，生活的重担完全由年轻人担当起来（由此推断，古代朝鲜老人被遗弃的年纪也是六十岁，这与中国武当山地区的风俗一样——六十岁是个坎）。他们放弃操劳，也放弃对于家族的统治权和对于晚辈的控制权，因为有了赡养老人、扶助弱者的人道主义观念作背景，老人不再需要通过控制生产资源和生活资源而得到生活保障，所以他们就具有放弃权力的胸怀，有安详和善的气质和风度。

养猫斗鼠的故事说明，中国人从遗弃老人到赡养老人，习俗转变的契机是认识到老人具有经验和智慧，还可以为家庭为社会所用，这是受到功利主义观念的驱动。这种观念依据与遗弃老人的观念依据一模一样，毫无变化或进步。如果一朝发现老人没有我们所期望的智慧和我们所期待的经验，我们依然以同样的理由遗弃他们。

所以，中国可能缺乏从人道主义角度出发、从对弱者的关爱出发的敬老心理。凡是受到尊重的，都是控制着资源和权力的家族长老和国家长老，而那些不拥有权力不支配资源的老人，比如农村老人，他们在失去劳动能力后，很难得到尊重，甚至也很难得到为经济条件所许可的善意的赡养，照样以各种方式遭到虐待和遗弃。十几年前我在农村生活的时候，那些纯粹的农村老人（就是说家里只有农业背景，儿子孙子都是农民）生病了基本上不会到乡镇的医院去看病，只是请村子里的医生把把脉，留几颗药片，然后就躺在床上等待最后的日子。我见过许多老人这样凄凉地离开人世。我想谴责这种习俗，可是想想农村生存资源的极度缺乏，又不能不予以理解。跟三千年前武当山地区的居民相比，跟一百多年前那个非洲部落相比，也许可以说国人的做法已经相当文明了。

在这样的生存环境和文化氛围中，那些老人也深知自己一旦失去了支配资源的权力就不会得到真正的尊重，所以，他们没有从容、祥和的心态，没有对于年轻人的信任和关爱，他们内心长期保持着高度紧张。他们年纪越大，紧张的程度就越是强烈，也就越是不择手段地跟年轻人争夺支配权。这就是隐藏在许多社会文化现象背后的心理原因。

据说其他哺乳动物、衰老之后就自己离开群体，悄悄地死亡。比如一只老狼能提前5天准确地知道自己的死亡日期，于是他准备好5天的食品，躲在某个角落，静静地进入死神的怀抱。大象在即将死亡时，悄悄地独自来到祖先的遗骨旁（通常是一个山洞），平静地等待着寿终正寝的那一刻。他们都有一个共同的用意，不因自己的死亡而干扰群体的生活。也许无论是古代人类遗弃老人的行为，还是今天对老人的刻薄甚至虐待，就像大象和老狼的自然选择一样，都不过是一个物种的自然选择，根本用不着后人从道德、良心、伦理感情等等角度自作多情？

人类的伦理感情、亲情本能，真的就如此微不足道、如此无能为力吗？生存本能对亲情本能的压抑竟然如此成功吗？

主流的力量有多大

苗族有语言而无文字，他们的民族文化除了从生活方式和祭祀仪式上表现出来之外，还有两种主要的传承方式。一种是记录在他们的服装之中，那种复杂的图案和色彩其实就是他们民族历史和传说的再现。女孩子从十来岁开始就学习刺绣，将那一个个图案细细密密地缝制在自己的服装上，所以他们的历史主要靠女人传承，而且全都穿在身上。还有一种方式就是酒令歌。这酒令歌就是他们的民族史诗，在一些特殊仪式（比如葬礼婚礼之类）上由专门的艺人演唱。

十几年前，挪威有关部门跟中国有关部门合作，在贵州梭戛的长角苗寨建立了一个生态博物馆，企图对苗族的生活方式和文化形态进行保护和研究。梭戛生态博物馆建立起来之后，当地苗族人借助这个窗口与外部世界的交流越来越多。

为了改变自身的贫穷，他们急于与外边的主流文化认同，对自己民族的文化则有点漠不关心。他们的男性青年纷纷到外边打工，脱下自己的民族服装，穿上汉装，做最艰苦的工作

（大多是挖煤）。他们不说自己是苗族人，只希望取得跟汉族人一样的待遇。

他们的下一代最大的理想就是通过读书考学脱离苗寨，过上城里人的富裕生活。对于酒令歌，几乎没有人再感兴趣了。他们的女孩子也热衷于上学，至少要上到小学毕业，她们再也不想学习刺绣，也不再喜欢穿自己民族的服装，即使在自己的吊脚楼里吃饭休闲，她们也爱穿着汉族服装。

每年正月初四至十四，是苗族少男少女跳花坡谈恋爱的节日。按照传统，他们本来都得穿上自己民族最华美的盛装，达到少男少女柜互吸引的目的。可是现在，这个活动被当地

苗民夸张的耳饰

政府组织成表演活动,成为旅游者参观娱乐的项目。那些参加活动的少男少女,竟然穿着汉族服装赴会,而将民族服装装在包里背在背上,直到表演的那一刻才换上。等到表演结束,他们马上换回汉装。他们走在自己苗寨山路上的时候,竟然不愿意穿上自己的民族服装。

男孩不爱酒令歌,女孩不爱刺绣,男孩女孩都不爱自己的民族服装,他们的民族文化将如何保护和传承?

一位女人类学家从北京来到这个苗寨去做人类学考察,她看见苗族兄弟姐妹如此热衷于汉族文化,对于自己民族文化则明显冷淡,颇感痛心。她一次次跟苗族的青年人谈话,要他们珍惜自己的文化,保护和研究自己的文化,她的殷切之心让人感动。

可是这些苗族兄弟姐妹对她说,我们这里太穷了,太落后了,不想永远守在这个山里穷困下去。我们只有好好念书,学好汉语,考上大学,才能过上好日子。如果我们老去参加民族仪式和节日,老去跳花坡、学刺绣、学酒令歌,我们就会耽误学习,也就是耽误我们的前途。我们的前途比这种风俗更加重要。

另一位人类学家在对基诺族进行考察的时候,遇到的情形也很类似。在一本名叫《最后的长房——基诺族父系大家庭与文化变迁》的书中,作者写道:"1983年后我曾经连续几年在基诺山过春节,在亚诺寨我曾经希望青年们组织起来在春节期间跳民族舞、唱民族歌,也动员大家穿上民族的传统服装,但是青年们都不乐意……他们甚至当着老人的面说基诺族的歌难听、衣服难看，穿出去害羞……我曾经多次建议建房的主人，希望他们能够将房子建成传统式样的、能够保持传统风格和民族特色的，同时也可以避免当地地表潮湿对人体的不利影响的基诺传统建筑。但是人们说汉族的房子模样好看、先进，我们就应该盖汉族式样的房子，这样我们就和汉族一样先进了。"①

　　我曾经到贵州的布依族去参观考察，他们那里经济条件好的家庭，也抛弃自己的传统房舍，学习汉人纷纷修建钢筋混凝土结构的小洋楼。政府部门为了保护旅游资源，要求布依族只能修建传统房屋，可是大家都不愿意遵守这样的规定。

　　这些少数民族所模仿的汉族房屋形制是从哪里来的？是汉族人从欧洲、美国学来的。现在的汉族都市，几乎百分之百的全是西式洋楼，汉族农村盖房时，也都是毫不犹豫地选择这种形制的建筑，以至于现在不宜再称之为洋楼了。

　　少数民族的这些文化选择，让我很自然地想起了五四新文化运动。今天来反思以陈独秀、胡适、鲁迅为代表的五四新文化运动，可以提出的批评意见可能很多。但在当时的国际政治格局和文化格局中，西方文化处于明显的强势状态，中国文化则处于绝对弱势状态。强势文化被认可为主流，弱势

---

① 郑晓云：《最后的长房——基诺族父系大家庭与文化变迁》，云南人民出版社，2008年，第57页。

文化被认为是边缘，这是人类文化史所充分证明了的规律。强势文化与弱势文化虽然存在矛盾，但也存在一个高度一致性：那就是强势文化要求弱势文化向自己看齐，弱势文化同样急切地希望向强势文化趋近。一场五四新文化运动，也就是一场弱势文化积极主动地向强势文化认同的运动，其急切的程度，甚至超过了强势文化对弱势文化征服和覆盖的冲动。

从鲁迅那一代人发展到今天，检索一下我们教育体系的知识构成，主要就是在弘扬西方文化。就拿基础教育来说，数理化是西学，政治课讲的是马克思主义，也来自西方，英语当然更是来自西方。只有语文这一科在教本民族的文化，可是教法也基本上西化，老师天天叫嚷着语法修辞，而中国传统的朗读背诵方法不受重视。至于大学的课程，其西化的程度更为严重。每个学科都在讲西学，连中国文学系的课堂上，也早就被各种西方词语所充斥。

一位人类学教授告诉我说，中国的人类学教授绝大多数都在阅读西方人类学家的著作中度过一生，而很少有人对田野调查怀有兴趣，所以他们只会跟着西方学者人云亦云，只会搬用西方学者的概念和理论，甚至只会直接抄袭西方学者的论文。因为他们除了重复西方学者的言论，实在没有自己的感想和创建。

再考查一下现在中国文化人的知识结构，也跟上文所说的中国学校的课程设置相一致。就拿我这个中国文学系毕业的学子来说，我阅读的西方文学作品，数量远远超过中国文学作品。我所认可的文学理论，也是西方学者的理论，对中国的古代文论了解很少。

在我的专业之外，我所掌握的一般文化知识，也几乎都是西学。我读过伏尔泰而没有读过黄宗羲，读过马克思而没有读过王夫之，我喜欢卢梭而没有机会喜欢朱熹，我喜欢托尔斯泰而没有机会喜欢王阳明。我兴趣盎然地研究过文艺复兴运动、启蒙运动和工业革命，而对于中国，我甚至连"焚书坑儒"也没有认真研究过。我认真看过基督教的几种经典著作，对于中国的佛教和道教典籍，却极少涉及。至于《尚书》、《左传》之类，只是偶尔读过片断而已。我对于中国文化的了解，明显少于对于西方文化的了解。

发生在我身上的这种情况，并不是由我个人造成的，而是由五四新文化运动以来中国学校的学科设置、课程设置造成的，或者说，是由一百多年来中国一味地向西方文化认同和趋近造成的。

这种文化现象，向我们显示了主流的力量是多么强大。只要我们认可了西方文化是世界文化的主流，那么这种迷失自身甚至故意遗弃自我的情况几乎必不可免。

中国是一个多民族多文化的大家庭，在这个大家庭中，以汉民族命名的所谓汉文化显然具有主流的地位。就经济发展和城市化水平而言，也是汉族地区走在前面。那么，其他民族对汉文化的认同，也就是对主流文化的认同。今天的苗族、基诺族、布依族等等兄弟民族在建筑、语言、服装等等方面心甘情愿地被汉族同化，跟一百多年来汉族地区心甘情愿地西化，其境遇、心态实属一致。

什么是主流文化？可以说主流文化就是被定为标准的文化。今天的南方人只有跟着北京人翻卷自己的舌头才能说出一口标准的普通话，才能在交际语言上融入主流。可是当初如果将江西话定为普通话呢？那么北京人就要到江西去进修语言以便顺利进入主流文化圈。而这个标准由谁来定，这是一眼就能看明白的。能够掌握制定标准之权力的力量，一定是那强势力量。

所以，一个时代或者一个空间的主流文化就是那个时代和那个空间的强势文化，主流文化跟强势文化几乎是同样的含义。

苗族人不惜一切代价把孩子送到学校念书，让他们努力学习汉族的文化。他们自己的文化即使能进入课堂，对年轻人也不再具有吸引力。因为他们只有拿到大家都认可的学校的文凭才能算是一个有文化的人。

究竟怎样才是有文化呢？如果按照孟德斯鸠和许多人类学家的文化观念，每一种文化都具有其自身的合理性和适用性，很难有尊卑高下之分。比如西南地区少数民族普遍流行那种楼下关牲畜、楼上住人的吊脚楼，那是因为那里森林密布、降雨充沛、空气潮湿，地面不适宜人类居住。吊脚楼在西南地区具有普遍的适用性，这个发明是先民智慧的结晶。当他们改建小洋楼之后，虽然避免了吊脚楼不够卫生等等缺点，却也同时失去了原先非常关键的优点。其中的利弊，至少一时难以简单作结论。

但是他们自己在主观感觉上，认为这样才叫先进、才叫有文化，这就是被所谓主流文化占领了自己的思想。其实在最近一百年来的历史语境之中，我们有几个人不是臣服于主流文化的威力呢？我们背弃自己的文化、接受他者的文化是如此迅速，以至于都来不及认真反思一下。

只有讲英语、结领带、使刀叉才叫有文化吗？

握手就比打拱有文化吗？

麦当娜的胸罩就比林黛玉的文胸有文化吗？

大洋洲凯提希老妇为少女敲掉牙齿以使她更美

在教堂举行婚礼就比在大宅门拜堂有文化吗？

蜷缩于钢筋混凝土里就比住在木头房子里有文化吗？

我们甚至连这样简单的提问都来不及发出，就已经让领带和胸罩填满了我们的日常生活。

那位到苗寨考察的人类学家在她的《梭戛日记——一个女人类学家在苗寨的考察》里感叹道："什么叫作文化？到了苗寨，对于他们的生活常识，我们什么都不懂，什么都要问，最普通的当地的文化规则，最基本的当地的农业常识，我们都不懂，都要问，在这里我们是没有文化的人。但我们不自卑，他们也不笑话我们，觉着这很正常。那是因为我们是处在强势文化这一边。强势文化，覆盖弱势文化，这纯属自然。于是，我们就自然成了有文化的人，他们则成了没有文化的人。"① 这是一个有良心的学者才会说出来的话。

看来，谁有强权谁就是主流，谁是主流谁就是有文化。悲乎！

更为可悲的是，谁都没有足够的力量安守边缘，谁都希望让自己显得有文化。于是，真正的文化在这个为了显得有文化的追求中一寸一寸地丧失。

我们究竟丧失了什么，我们根本没有时间去盘点。为了追求主流，我们是如此忙碌、焦虑，直到心力交瘁。

---

① 方李莉：《梭戛日记———个女人类学家在苗寨的考察》，第130页。

跟达尔文辩论种族灭绝原因之原因

鲁迅曾经在一篇杂文中提到，南洋某地有一个弱小民族，在外族入侵和压迫之下，终于绝灭。他担心中国也会重蹈那个民族的覆辙。近来卖达尔文《人类的由来》，其第一篇第七章中有"一些种族的灭绝"一节，举证了好几个民族迅速走向灭绝的事实。同时，对于民族灭绝的一般情形，达尔文还有总结性的表述。看来鲁迅当年的忧虑并非完全多余。

达尔文说，人类各个部落之间、各个种族之间，自古以来就为生存空间和资源问题进行着非常激烈的竞争，如果相争的两个部落之中，有一个部落因某种原因出现暂时的人口减少、力量减弱，那么，另一个部落就将"通过战争、屠杀、啖食人肉、以俘虏为奴隶、兼并吸收等手段而把两者之间长期以来的矛盾很快给解决了。一个弱小的部落，即使不是这样被人一扫而光，只要一踏上人口减削的路途，一般就会一直减削下去，直到灭绝"①。

① ［英］达尔文著，潘光旦、胡寿文译：《人类的由来》，商务印书馆，2009年，第283页。

达尔文这种总结性的言论，比鲁迅列举的一个例子更能表现事情的严重性。多少万年以来，许许多多的部落和种族，就是在这样的险恶环境中奋力搏战的，其中一部分发展壮大起来，渐渐演变为政治国家，另一些则无声无息地灭绝了，在今天的历史著作中，找不到关于他们的片言只语。达尔文在著作中提供的南太平洋地区弱小种族在西方殖民者的挤压之下迅速灭绝的材料，堪称那个时代的重要见证，算是对历史著作的一点补偿。

第一个种族灭绝的故事发生在塔斯马尼亚岛（今属澳大利亚）上。西方人刚刚侵入这个岛屿时，他们估计岛上有原住民7 000人（有的人估计有20 000人）。他们在跟英国殖民者进行战斗的过程中，人口锐减。有一次全体殖民者通力协作，对他们进行了一次大围剿，他们最后不得不从血泊中举起白旗向英国人投降的时候，仅仅剩下120人。这时候他们对殖民者构不成任何威胁，殖民当局对他们的态度也转为宽厚。可是，一个种族的元气与灵魂已经死灭，再也无法恢复。他们的身体越来越坏，一个个相继死亡。

1824年，他们只有成年男人47人，成年女子48人，儿童16人，合起来111人。第二年，只剩下100人。殖民当局赶紧给他们更换了一个住地，希望这样有利于他们的民族发展。1847年12月20日，他们迁居到本岛南部牡蛎湾的时候，只有14个男人，22个妇女，10个孩子，总共46人。十几年间人口减少一大半。疾病和死亡继续紧紧纠缠着这个衰竭的民族。到1864年，这个民族只剩下1个男人和3个上了年纪的妇女。当那唯一的男人1869年死去的时候，这个民族实际上已经灭绝了。

新西兰麦奥利人的遭遇跟塔斯马尼亚岛人很相近。1858年的人口普查，他们人口为53 700人，14年后的人口普查，只有36 359人，人口减少32.29%，如此迅速的人口削减，离种族灭绝已经不太遥远了。

与此相仿佛，散德威奇诸岛的原住民也在急剧减少。当1779年西方人发现这些岛屿的时候，岛民共有约300 000人，1823年人口普查，143 050人。只有44年前的一半人数。1853年普查，71 019人，比30年前又减少一半。1872年普查，人口数为51 531，只有100年前的六分之一。

另一位英国学者布朗，曾经对印度洋上孟加拉湾的安达曼岛居民进行过考察。在受到殖民者侵入之后，安达曼岛也出现了人口锐减。西方人刚刚进入他们的世界时，他们13个部落总共有5 000人，到了1901年，仅剩下不到2 000人。1947年印度独立的时候，这里只有1 000居民。几十年后减少为900人。直到2004年那次世界著名的大海啸中，这个奄奄一息的民族终于不幸覆灭。

导致这些种族灭绝的直接原因是什么？第一个原因当然是大屠杀。英国殖民当局的一次大屠杀，就把塔斯马尼亚岛上的几千居民变成了120人，这么直接的肉体消灭，一个种族还能壮大起来吗？照此规模杀下来，灭绝的何止可怜的塔斯马尼亚岛人，我看全世界都可以变成废墟。

然而，将殖民地原住民杀光，未必是殖民者的本意。留着原住民为他们创造税收和利润，想来更加符合殖民者的需求。所以，那些惨遭灭绝的弱小种族，大多数不是被直接杀光的，而是在强势民族的威胁、挤压、奴役之下，整体上生机萎顿，精神崩溃，最后导致灭顶之灾。

而在生机萎顿、精神崩溃的过程中，直接影响人口减少的因素究竟是什么呢？

达尔文说，是很多妇女失去生育能力。

英国殖民者入侵以后，孟加拉湾安达曼岛人逐步灭绝

塔斯马尼亚岛人迁居到牡蛎湾之后,22个女人中只有2个女人生过孩子,2个人总共只生了3个孩子。没有后代出生,年长的死一个少一个,这个民族自然就非得消失不可。

散德威奇诸岛(属于夏威夷地区)人口锐减的情况并非特例,它所属的整个夏威夷群岛看来基本如此。1835年一位美国海军医官研究了夏威夷主岛一个地区的人口状况,在这个地区的1 434个成年男子中,只有25个人各有3个孩子的家庭,另一个地区的637个成年男子之中,只有10个人拥有这样的家庭。他所调查的80位已婚妇女之中,只有39人生过孩子。官方提供的信息说,全岛所有已经婚配的男女,平均每一对夫妇只有半个孩子。夏威夷政府曾经颁布过一个法律,凡是养育3个孩子的家庭可以豁免一切赋税,3个以上孩子的家庭可以得到土地和其他奖赏。这个规定从侧面证明了当地妇女的生育力长期萎靡不振。

这些殖民地的弱小民族人口不断减少、妇女生育力严重下降的情况,引起了西方学者的兴趣,他们做了多方面的研究,提出了五花八门的分析和解释。达尔文是一个态度客观、目光锐利的学者,他提出,这些妇女生育力下降,"不先不后,几乎恰恰和欧洲人的来临同时发生"[1]。这个判断中暗含了一种寻求答案的思路:他们种族繁殖能力的下降和消失,乃是由西方殖民

---

① [英]达尔文著,潘光三、胡寿文等译:《人类的由来》,第292页。

者的枪炮、制度、文化、生活方式等等因素的介入引起的。

那么,其中最具影响力的因素是什么呢?

达尔文是一个生物学家,他倾向于相信这样的结论:这些岛民生活条件、饮食结构、生态环境在五十年之间的改变幅度,超过了英国人一千年之间所发生的改变,正是这种急剧的改变,导致了他们生理机能的不适应,免疫力下降,体质衰弱,纷纷生病致死,女人则因此丧失或减弱生育能力。

这些改变究竟包括一些什么内容? 达尔文说,他1835年访问群岛湾的时候,那里已经种植马铃薯、玉蜀黍和其他农作物。还引述另一位学者的意见说,大约在1830年,用水长期泡制玉蜀黍而使之变得腐臭的方法被发明而广泛流行起来。①这些食物品种的简单变化,对人们的生理机能会产生多大的影响并进而影响到妇女的生育能力,得进行非常详细的论证。在缺乏科学论证的情况下,我们只能凭借日常经验予以判断。我的经验告诉我,这种影响只能是微不足道的,达尔文提供的原因解释完全没有说服力。

达尔文还列举了一个重要的人文事件作为证据。一个主教为了培养基督教传教士,从斐济群岛西边的一些岛屿上选拔了一些梅兰尼西亚人,送到新西兰等地进行文化和宗教培训。可是这些人来到新的地方后,尽管生活条件大有改善,健

---

① 参见〔英〕达尔文著,潘光旦、胡寿文等译:《人类的由来》,第288页。

康状况却大大地恶化，最后他们一批批地死去。[1]生物界有
很多例子可以证明一种物种突然改变生存环境之后，他们的
健康和生命会大受影响。达尔文还专门谈到，那些从野外抓
到家里来圈养的动物，一般都很难生育。

但这些动物失去生育能力，难道真的是因为圈养期间食
物结构的改变所致，而不是因为囚禁起来失去自由之后神经压
抑、精神痛苦导致了生理机能的衰竭和退化吗？想想那些集中
起来被迫捧着《圣经》接受宗教训练的原住民，他们文化上的
脱节、精神上的不适应跟那些圈养的动物能有多少区别？

即使那些准传教士的集体死亡是由生活条件的改变导致
的，可是绝大多数原住民并没有像这些不幸被选为传教士苗
子的人那样，突然来到几百、几千公里之外，在另一个陌生的
生物圈中不知所措。这些原住民除了少数人充当西方人的仆
人、工厂的工人，其他人基本上保持着传统的生产方式和生活
方式，可以断定这些人食物结构的改变，是非常微小非常缓慢
的，仅仅这么一个因素足以让妇女不生孩子吗？

何况还有完全相反的例子。达尔文认为，殖民者与原住民
杂交可以产生生物学上的优势，有利于当地人口的增长。我引
用达尔文的原文来说明问题。"塔希提人和英国人所生的杂种
子女，在移植到匹特开恩岛之后，增加得非常之快，以致不久以

---

[1]　参见［英］达尔文著，潘光旦、胡寿文等译：《人类的由来》，第288页。

青春勃发的太平洋少女

后岛上就有人满之患，而于1856年6月，不得不再转移到诺福克岛。当时这批人包丟60个已婚的男女和130个孩子，共194人。在诺福克岛上，他们增加得也快——尽管其中有16个人于1859年又返回匹特开恩岛——到1868年1月，增加到了300人，男女恰好各占一半。试想，这和塔斯马尼亚人的例子相形之下，是何等的一个对照呀：诺福克岛上由杂交而来的岛民，在短短的12年半之中，从194人增加到300人；而塔斯马尼亚人，在15年间，从120人减少到了46人，而46人之中，只有10个孩子。"①

　　达尔文显然忽略了一些重要问题，他根据这个例子所推出的结论，可能跟事实相去甚远。

　　首先，那些有机会跟英国人做爱和杂交的塔希提女子，她们的食品结栋、物质生活条件、生活习惯，一定比依然处于传统生产方式和生活方式中的其他地区的女子具有更大的改变，这种改变为什么没有影响她们的健康状况和生育能力？

　　其次，那些千里迢迢来到太平洋地区进行屠杀的殖民者，完全是来到了另一个世界，他们的生活条件、生态环境乃至人体寄生微生物的改变，比任何原住民的改变都大得多，为什么他们的健康没有因此恶化？他们跟当地女子所生的孩子，如果机能和习性接近母方，那么，他们就应该像母方绝大多数原住民那样郁郁而终，如果机能和习性接近父方，他们就应该因

---

① ［英］达尔文著，潘光旦、胡寿文等译：《人类的由来》，第295页。

为生态环境的更大改变而更加萎靡不振。可是，他们偏偏活得生机勃勃、精神饱满，跟那些殖民者本身一样疯狂繁殖，最后占满整个印度洋地区和南太平洋地区。其中的奥秘真的能够从生物学方面去探寻吗？

我看不是。殖民地原住民悲惨命运的最根本的奥秘，应该从文化和精神方面去寻找。他们最后灭绝的直接原因是妇女失去生育能力，到这一步为止达尔文无疑是正确的。而关于这个原因之原因的追究，达尔文则有点"唯科学主义"，甚至有点"唯物质主义"。对于人类的精神存在，就此问题而言，达尔文漠视得太彻底了。

我们不妨想一想，在几千同胞尸横遍野的大屠杀中侥幸存活下来的那120个塔斯马尼亚岛民，他们还是普通意义上的"人"吗？我听说过一个村姑因为亲眼见她哥哥为了抢夺食物杀死了他们的叔叔，从此就发疯了。我听说过许多不幸的母亲因为突然失去儿子而发疯了。我听说过一个每天必须饮食三顿的人，因为突然降临的灾难导致的巨大精神痛苦而可以整整一周不吃不喝。我听说过一个女童因为父母离异而患上长期腹泻的毛病。

所有这些例子说明，巨大的恐惧或者情感痛苦，可以迅速改变一个人的生理机能、理性和神经系统。经过这种改变之后，一个人的性格和人格乃至生理机能进入完全不正常的状态。那些从亲人的血泊之中幸存下来的塔斯马尼亚岛民，经受着如此惨绝人寰的恐惧和痛苦，他们的世界观、人生观、精神气质、生活愿望、对民族神的信仰等等精神方面必将出现重大变异，他们的神经系统、信息反应系统、整个内分泌系统以及排精排卵系统等等，也难免出现各种各样的障碍和抑制。他们对于生命尊严的体验、对生活诗意的感受将会全面崩溃。就生育问题而言，他们想来还不至于完全不性交，但是由于正常精神生活和生理机能的崩溃，性交已经很难导致怀孕。

最大的问题是，在部落与部落的竞争对抗中，他们在社会组织、技术水平上都很接近，即使某个民族一时受挫，总还有报仇雪恨、复兴壮大的希望。可是，西方殖民者的社会组织能量、武器装备、技术能力，对于那些海岛上的原始民族来说，简直像天神一样不可把握、不可思议。如此不对称的能量交锋，如此无法描述的惨痛失败，别说无力复仇，连弄清楚这些高鼻梁的敌人究竟怎么回事也不可能。一个奄奄一息的民族，被如此深重的屈辱和如此深广的绝望所笼罩，他们除了惟求一死，还能有什么别的奢望呢？

当代学者常常喜欢拿集体无意识说事，不是没有道理的。个人的潜意识会主宰个人的意愿和命运，集体无意识也会主宰集体的意愿和命运。塔斯马尼亚岛民的悲惨遭遇，如果落在个人头上，这个人早就自杀一百回了。塔斯马尼亚岛民的生育力下降，我看真正的原因就在于这个民族由深重的绝望意识所激发起的惟求一死的死亡意志。生存本能与死亡本能本来就是一张纸的两面，当这个民族的生存本能无力实现时，他们只能通过死亡本能的实现来捍卫自己的尊严。

在被西方殖民者摧残几百年、无数种群惨遭灭绝的拉丁美洲，有一位伟大的作家对这个问题作了最明白的表述："遭遇囚禁的大象不愿意生养第二代；秘鲁的羊驼在印第安人粗暴地训斥它或者强加给它超负荷的负重时，就躺倒在地上死去。人至少应该像大象和羊驼那样知道自尊。"①说这话的古巴作家晚生于达尔文四十余年，前三十年生命跟达尔文相交，勉强算是同时代人吧。一个作家从动物行为中，发现了生命尊严的奥秘，作为生物学家的达尔文，为什么在这么基本的问题上闭上了眼睛呢？

殖民主义者最大的魔障就是看不见人的精神存在。西班牙人竟然首先用文艺复兴所创造的伟大人文学术，论证美洲人不是人，然后一口气杀了1 900万。

英国强大以后，更是杀遍全球，让西班牙相形见绌。可是达尔文是一个生物学家，他对各种生命现象的感知和认识，远超过其他人。即使所有的"野蛮人"都是比大象和羊驼还"低级"的物种，他们就没有求生的本能和自由的精神需求吗？就会扬起脖子欢迎英国的屠夫举着屠刀蜂拥而上吗？

---

① 转引自索飒：《丰饶的苦难——拉丁美洲笔记》，云南人民出版社，1998年，第198页。

达尔文能不懂得这个道理吗？那是不是因为他下意识中在为他的屠夫兄弟开脱一些什么、遮掩一些什么呢，而且是用科学的名义？西方人的科学原来还有这样的功能，可是我们却把它看得如此神圣。

至于达尔文对塔希提人命运的解读，也是完全错误的。事实上，塔希提人的命运正好可以作为相反的印证。塔希提人之所以生机勃勃，原因正在于他们的精神生活已经适应，因而生理机能也基本实现了平衡。想来他们跟主流社会（殖民者）比较亲近，彼此关系比较和谐，受到主流社会较多的认可和尊重，因而他们对于生命尊严的体验、对生活诗意的感受、他们的世界观、人生观、精神气质、生活愿望、对民族神的信仰等等精神内容，没有因为殖民者的侵入而受到严重破坏，于是他们就能保持正常的生活和正常的发展。

曾有一位美洲印第安人说过一句极为深刻的话，他祈求这个世界说：不要走得这么快，请等一等灵魂。塔希提人的幸运在于：由于受到主流社会的认可和尊重，他们的灵魂适应了过来，终于度过了那个生死之坎。

塔斯马尼亚岛民没有这样的幸运，所以他们选择了种族灭绝。这显然是被迫的，是殖民者的刀剑造成的。在某个特殊的角度上，又确实是主动的，就像那些富于尊严的大象和羊驼那样。一个人可以为了捍卫生命的尊严而宁愿折断自己的身体，一个民族也可以这样。

重新发现劳动的诗意

遥想远古时代，先民们在大地上奔波劳作，每有所获，必定欢欣激奋，常常禁不住为此歌咏舞蹈。用自己的劳动果实喂饱自己的肚子，喂饱自己的孩子，还可以祭献给氏族的神灵，这是何等骄傲而又满足。劳动不但是人们生活的主要内容，也是人生的幸福所在。虽然每个日子都浸满汗水和艰辛，但是种族在汗水里绵延，生命在艰辛中如花一样开放。

随着时间的推进，人类对于劳动的感受渐渐产生了微妙的变化，尤其是文化发达、社会发展之后，人类对于劳动的描述和记忆，越来越带上痛苦和抱怨的色彩。

由于阶级分化，不劳而获的"精英群体"越来越庞大，历代文人（自己也是"精英群体"）总是情不自禁地将正义的指针指向被侮辱被剥夺的人群，不断写出"硕鼠硕鼠，无食我黍"（《诗经·硕鼠》）、"朱门酒肉臭，路有冻死骨"（杜甫）、"田家秋作苦，邻女夜春寒"（李白）的悲歌，代劳动者抒发成天陷于"公侯之宫"、忙于"公侯之事"（《诗经·采蘩》）的怨愤之情。连躬耕自乐的陶渊明也禁不住感叹"田家岂不苦,四体诚乃疲"。

孔夫子一辈子主张仁政,可是对于那些关心劳动并想学习劳动技能的学生却满肚子反感。他把劳动和劳动者看作愚昧、苦难、卑贱的化身,时时刻刻准备着按照精英群体的需求来教化民众。他对仁政对象的态度竟然如此居高临下,让人疑心那仁政的学说是为君王着想而不是为劳动者着想。

那些背诵着孔夫子的教诲而长大的历代士人,对于劳动和劳动人民的态度,基本如此。在汗牛充栋的典籍中,劳动渐渐被描述成了人们不得不承受的耻辱和折磨。

这种描述深深规约着族类对于劳动的理解模式和情感态度,以至于在当今的一些教科书中,劳动就是奴隶在奴隶主的皮鞭下弓背弯腰的挣扎和反抗,在现实生活中,许多人更是对劳动怀着本能的厌恶之情。

古代士人对于这些劳动者鄙视而又充满同情,尤其在怀才不遇的时候,常常一边吟诗作赋一边想到劳动人民的艰辛。但是他们跟乡村生活、跟真正的劳动显然很隔膜,对底层人的生活细节和情感状态更是缺乏了解。

当代学者萧公权指出,自古以来,乡村底层人的"日常状况与生计通常不为士人所重视,因而罕见记载。关心民瘼的官员和士子只限于泛泛而谈,而不去具体描绘乡村生活的实际"[1]。

---

[1] 萧公权语,转引自侯旭东:《北朝村民的生活世界》,商务印书馆,2005年,第4页。

中国文学史上诞生了成千上万的田园诗,但是所有的诗人只关心自己的主观感受,从来不去记录乡民的生活、从来不去描写他们的感受。

所以,历史上留下的关于劳动的记载和言说,都是那些士人的遥远的猜测。在他们的笔下,乡村成了缓解怀才不遇心病的神仙世界,劳动却往往等同于苦难。一个民族对劳动如此反感,是一种非常病态的文化心理。

江西省武宁县的打鼓歌为我们反省这种厌恶劳动的情感模式提供了某种启示。武宁县坐落于江西北部绵延起伏的幕阜山的深处。这里是古代楚国文化圈,高山远水激起神秘的想象,云飞风吼充满浪漫激情。劲歌狂舞是生命的奔放,绿茶红花是大地的诗意。

直到20世纪80年代,这里交通依然闭塞,生产方式和社会结构依然简单,生活依然单纯,民风依然古朴,较多保留了古代的风俗和文化神韵。一边挖茶一边打鼓唱歌就是古代民俗的遗存。那些发自肺腑的山歌是那样地生动活泼,饱含原汁原味的泥土气息和乡民的生命气息。

这些山歌告诉我们,在疲惫憔悴、沉重痛苦之外,田野的劳动还有另一面,那就是乐趣和诗意。无论他们的劳动果实千百年来受到怎样严重的掠夺,无论他们的身心因为劳动的艰辛受到怎样的伤害,他们从来没有忘记体会劳动本身的快乐,没有放弃对于劳动所创造的幸福生活的憧憬。

《诗经·芣苢》就生动记录了古代先民一边劳动一边歌唱的欢快场面和情绪。一群妇女在采集车前草时，随着劳动的节奏咏唱着"薄言采之"、"薄言有之"、"薄言捋之"，那种诗情画意如日月一样光辉永存。

三千年后的农人依然在吟唱着这种诗意和自豪。"天光起来做到晚/世间人/男人殷勤仓仓满/女人殷勤件件新/世间衣禄不求人。"① 这首山歌对于劳动没有任何抱怨，而是充满了创造美好生活的热情和豪情。"手把青秧插农田/低头便见水中天/左手分秧右手插/往前看去是绿线/退后本来是向前。"② 这首劳动歌谣对于插秧的描写，充满了写实主义的功力和语言智慧。"太阳照我栽禾田/山歌越唱越新鲜/前边栽得快又好/后边栽得紧相连/山歌唱完绿满田。"③ 山歌与劳动相伴始终，劳动的欢快和诗意被这首山歌表现得淋漓尽致，与《诗经·芣苢》中的情景一脉相承。

在幕阜山的民歌中，最动人的还是打鼓歌。茶叶是山民们主要农产品之一，每到挖茶（给茶树除草松土）季节，大批农人荷锄而上，三两位歌手一边打鼓一边歌唱，为农人鼓劲助兴。蓝天白云、绿水青山之间，微风荡漾，百鸟歌吟，农民一边你追我赶地劳作，一边打鼓唱歌，身体随着歌声欢快地俯仰有

---

① 陈建武、方平主编：《中国歌谣集成·江西卷·武宁打鼓歌分册》，未刊稿。
② 陈建武、方平主编：《中国歌谣集成·江西卷·武宁打鼓歌分册》，未刊稿。
③ 陈建武、方平主编：《中国歌谣集成·江西卷·武宁打鼓歌分册》，未刊稿。

致,锄头随着歌声忘情地扑向土地。

这幅风俗画,把劳动之美渲染到极致,也把人类与大自然的和谐之美渲染到极致。"发了南风转北风/喜鹊落在阴林中/打伞不如云遮日/打扇不如自来风/好戏不过打鼓工。"① 这首山歌充分强调了打鼓歌在武宁山歌中的特殊地位。

虽然底层民众也常常怀有升官发财的梦想,但是他们内心十分清楚这只是梦想而已,其正常状态显然是更看重自己的土地和劳动技能。他们所领悟到的生命的诗意、他们内在的尊严都来自土地和劳动。他们总是自觉地用劳动将自己与其他人群区分开来,他们的价值观和趣味全都与劳动密不可分。

"奴在园中撒是撒芥菜/相公你莫追有言你听来/五谷你不分,肚里没文才/傻男子汉我不爱/撒芥菜待客人/相公你莫罗嗦/撒芥菜哟依子呀嚙嘚。"② 这首拒绝爱情的情歌的每一个字眼、每一个音符都在诉说劳动者的自珍与骄傲。

"唱歌不要好声音/全靠字眼咬得清/山歌没上铜版册/没上四书并五经/唱了山歌散精神。"③ 这首民歌更是明明白白地将自己放逐在庙堂文化和精英文化之外,虽然没有表现出对精英文化的刻意蔑视,但是不难看出,他们更注重在山野之中劳作歌呼、自娱自乐的生存方式,更注重与百兽百草和谐相

---

① 陈琴:《山村·山鼓·山歌——爷爷的故事》,文化艺术出版社,2005年,第53页。
② 陈琴:《山村·山鼓·山歌——爷爷的故事》,第103页。
③ 陈琴:《山村·山鼓·山歌——爷爷的故事》,第54页。

处的生命状态和与天地造化、日月星辰相感应的自由精神。

西方人类学家说,那些世世代代从事狩猎或者耕种的原始部落,他们一般能够认识几百种动物和一千至几千种植物,他们详细知道这些动植物的习性和功用。这显然是一个庞大的知识系统,孔夫子以降任何一位中国士人都不可能具备这么多自然知识,可是他们却天天说劳动人民愚昧无知,天天绞尽脑汁谋划着如何为这些智慧的劳动者进行教化和启蒙。这种历史的幽默太悠久了。

实际上,劳动者自有自己的生活世界和精神境界,他们几乎不屑于理会精英群体的教化和启蒙。乡民们将劳动的诗意发而为歌,山歌于是成了诗意的集中表现。山歌不但来自劳动,也是劳动的构成部分,更是对劳动的提升和超越。对于山歌的热爱与崇尚,见证了乡民们对于劳动的热爱与崇尚,也见证了他们对于艺术、智慧和自由精神的陶醉和迷恋。

"到山来,到山来/到山扶起土地牌/扶起土地拜三拜/保佑我山歌随口来。"[1] 在乡民的心目中,山歌的重要性,与粮食的重要性不相上下,几乎具有某种神圣的属性。

"红鸡公,尾巴拖/三岁蛮崽唱好歌/不是爷娘告诉我/自己聪明惹歌来。'[2] 山歌不但是劳动和智慧的体现,而且成了

---

[1]　陈琴:《山村·山鼓·山歌——爷爷的故事》,第13页。

[2]　陈琴:《山村·山鼓·山歌——爷爷的故事》,第16页。

人生尊严和价值的一部分。"我们山歌牛毛多/黄牛身上摸一摸/日里唱歌当茶饭/夜里唱歌当被窝/出门三步就唱歌/人人说我快活多。"①

山歌成了日常生活必不可少的内容,事关生活的质量和生命的幸福。这些关于山歌的山歌,强烈表现了他们对于奔波于大地之上、歌咏于山水之间的劳动生活的肯定和眷恋。

武宁山歌和武宁打鼓歌,作为一种文化现象和艺术现象,正在受到文化精英阶层的关注与重视。1986年夏天,许多关心民间艺术的学者和艺术家来到武宁,参加打鼓歌表演和学术讨论会。他们陶醉其中,反复吟咏和咀嚼。他们将打鼓歌编入艺术词典,有一首打鼓歌还被收进中央音乐学院的教材。这些原汁原味的民间诗情,本来就是精英艺术的源泉和基础。

但是,仅仅是从艺术角度予以重视,在我看来显然远远不够。本文只能引用这些山歌的歌词部分,这些歌词就像地球上一些生命现象一样,是如此鲜活可爱,足以让我们看到乡间草民的真实生活,看到他们的精神世界。

如果我们有机会沉迷于那些旋律、节奏、气韵之中,尤其是沉迷于乡民们那质朴、清越、奔放、亢奋、亮丽的歌喉之中,我们的陶醉和喜悦将会成百倍地增长。那种劳动的紧张和坚韧、那种生命的豪迈和奔腾,带给我们的就是心灵的升华

---

① 陈琴:《山村·山鼓·山歌——爷爷的故事》,第31页。

和净化。

在过去漫长的学习生涯中，我一直以为在当今中国，只有能歌善舞的少数民族才有原汁原味的民歌，汉族文化因为过早地被庙堂文化和精英文化所"教化"，早就没有那种真正饱含草根性的民间艺术和文化。可是，武宁县的文化遗存改变了我的这些想法。陈建武、方平主编的《中国歌谣集成·江西卷·武宁打鼓歌分册》收录了大量的打鼓歌歌词，陈琴所著《山村·山鼓·山歌——爷爷的故事》则向我们讲述了打鼓歌方方面面的故事。我由此发现，自己原先的那些想法太主观了。

这两本书所提供的民歌和劳动风俗，让我受到如此强烈的震撼！

养育了武宁打鼓歌的那片美丽的山水，与我家乡的直线距离只有一百多公里。我做梦也没有想到，就在我家乡的边上，还保留着这么古朴、真切的草莽之音，在蒙受庙堂文化和精英文化的几千年教化之后，劳作在这片芳林秀水之间的汉族乡民，竟然还天天吟唱着这么野性、这么土气、这么光明、这么自由奔放的天籁之音。这是劳动的声音，这是生活的声音，这是绿草的声音，这是被灿烂的阳光照耀得通体透明的声音。

发出这种声音的，是那些自由而又喜乐的人群。在我们所生存的这个地球上，除了天上的雄鹰、地上的草木，就是这些劳作在山水之间的草民享受着最充沛的阳光，所以这些民歌如此明亮、如此灿烂辉煌。正是这些明亮的天籁之音,启示我们反省人类文化的丰富形态,启示我们重新发现劳动的诗意。

人类的生活模式正在急剧地产生变化,"城市化"成了大多数社会的自觉追求。我们一天天远离着崇山峻岭、碧水蓝天,远离着云雀的歌唱和植物的芳香。我们日复一日地蛰伏在钢筋混凝土支起的窟窿之中,接受着一种非自然的甚至反自然的价值观的教化,还自以为精英自以为高贵。

我们正在无情地遗弃所有的"幕阜山"中的文化传统,即使有一天我们有机会置身于某一个"幕阜山"之中,我们也无法感知那里的歌声、舞蹈以及大自然的欢唱。

久而久之,世世代代生活在城里的孩子,还有那些虽然生活在乡间却早已被另一种文化所"教化"的孩子,他们还能够听懂大自然的天籁之音吗?还能够从山民和农民的劳动歌声中体会到劳动的诗意吗?我对此不敢乐观。

第二辑

底层的诞生

人类社会由氏族时代
进入国家时代,所需要完成的第一项工作,
就是规定谁是底层。
一旦用强力制造出一个庞大的底层,
国家就横空出世了。

抢劫是原始部落正常的生财之道

前几年读张宇光《拉萨的月亮》，对于书中所写藏民部落有组织地进行抢劫的内容，感到无比新鲜。张宇光说："几乎所有部落都有组织地进行抢劫，并因年深日久形成了风俗习惯，成为了传说甚至是神话"[①]；"云丹又说起扎马大战，讲到扎马部落最为骁勇善战的一个名叫该莫巴尔地的强人。听名字就知道，巴尔地来自该莫部落，所以人们叫他该莫巴尔地。他是扎马头人的女婿，是扎马的头号武士，平时负责组织操练人马去外宗部落实施抢劫。这种由部落组织的抢劫不同于一般猎巴的单打独斗，是部落的集体行动，规模较大，组织严密，由部落头人在背后暗中撑腰"[②]。

仔细想想也没什么好奇怪的。历史教科书上关于中国古代汉王朝与北方匈奴人的紧张关系，其症结不就在于这个游

[①] 张宇光：《拉萨的月亮》，中国青年出版社，2000年，第152页。
[②] 张宇光：《拉萨的月亮》，第170页。

牧民族对于一个定居的农业民族的财富和妇女"有组织地进行抢劫"吗？

就像采集和狩猎一样，抢劫也是人类早期历史上最主要的生产方式之一。前几年我还只是这样猜测，现在基本上敢于这样相信了。

腓尼基人是生活在地中海东岸迦南地区的一个古老民族。他们是古代世界最出色的航海家。在被罗马人打败之前，腓尼基人在北非所建立的殖民国家迦太基一直掌握着地中海的海上霸权。他们的足迹跟着航线到达了地中海沿岸的每一个地方，甚至还完成了环绕非洲的航行，以及穿越英吉利海峡直达北欧的航行。他们航行的动力可以说是经商，也可以说是抢劫，因为他们一直是兼商兼盗。有生意就做生意，没生意就当强盗。他们在地中海地区拥有长达三千年的海上霸权，说穿了就是最古老、最强大的海上大盗。

由于他们商盗并用，积累了大量财富。大量财富又支持着他们四处征战、建立贸易网点和海盗营地，于是他们又成了古代世界与希腊并驾齐驱的殖民大国。他们的殖民地遍布环地中海地区。腓尼基人并没有组织成一个集权国家，而是像古希腊一样形成了一些互不统属的城邦小国。这种城邦小国只是部落联盟的升级，所以，我们可以把腓尼基人的抢劫行为看作部落组织的固定性格之一。

古往今来所有的人间战争，其主要目的一直是劫掠财富

墨西哥的掠夺之王

和奴隶,后期的战争还包括掠夺土地,难道还有比这更重要的战争动机吗?

掠夺是那个时代的风尚和游戏规则,那么每个人的掠夺行为都只是在按照时代风尚和游戏规则行事,当然就不存在个人道德问题。

即使在中世纪后期诞生的《水浒传》中,最喜欢用道德眼光看世界的中国文人也没有将那些土匪强盗主人公写成道德败坏、十恶不赦的恶魔,相反,他们个个都是声名卓著的英雄。

张宇光著作对那个著名的藏族强盗该莫巴尔地的人品

和声誉的描写,很能说明恩格斯所提到的荣誉观。"据扎马的老人们讲,该莫巴尔地个子不高,看上去并不强壮,但枪法极好,弹无虚发,和来犯的青海部落交战时,他挺枪跃马,一个人便将对方所有勇敢的武士尽数击毙。与其大盗身份很不相称的,是他平日为人温和,从不发怒,且吃斋念佛,手持念珠,仪态安详……每年的赛马会,扎马人都要请自己部落的英雄该莫巴尔地和他的骏马为参赛的骑手们领跑。巴尔地并不推辞,不过只领跑一圈便离开赛马场,独自走到人群外空旷的草地上盘腿坐下念经数珠。等赛马结束人们四散开来歌舞玩耍时,他又回帐篷独处。"①

人类进入政治社会之后,不再按照氏族时代的游戏规则进行抢劫,而是改为以阶级集团为单位进行劫掠,而且是以国家的名义展开的。国家的本质就是上层社会对底层社会所创造财富的抢劫和享用,当然一般都美其名曰纳税、进贡,所以这种隐性的劫掠对人们的眼睛和思想具有很大的蒙蔽效果,以至于人们意识不到这种劫掠的现实存在。幸好有马克思等这样极具穿透力的大哲揭穿了这个事实,让我们不再完全糊涂。

由于人类的欲望无边无际,权贵集团经常不能满足于国家内部的劫掠,还时不时地将劫掠的武器瞄准外国外族。近

---

① 张宇光:《拉萨的月亮》,第171页。

古代暹罗带竹枷的盗牛贼

代西方列强所进行的声势浩大的殖民运动，其实就是对外国资源、财产、土地空前规模的掠夺。整个非洲、美洲、大洋洲、亚洲，都被迫成了西方人的世界，其中有的民族很快灭绝，有的濒临灭绝，他们的命运比犹太人还悲惨许多。

政治社会的劫掠方式虽然变化很大，但是其内在的动力跟远古部落之间的劫掠并没有太大的区别，无非是为了掠夺财产、土地和权力。同样的，这些改头换面的剪径大盗也不会因此付出道德上的代价，相反，他们因此而获得巨大的道德利润，往往被称为民族救星、战斗英雄或者历史巨人等等。

抢劫很可能是所有动物的一种本能。我小时候曾经认真观察过鸡们和狗们的抢劫。如果一只鸡从垃圾堆里扒拉出一条蚯蚓来，旁边其他众鸡根本不会尊重他对这条蚯蚓的主权，而是蜂拥而上，群起而抢之。这位收获者为了捍卫自己的权利，只能叼着蚯蚓冲出重围，拼命奔逃。当他跑累了，试图停下来将这条蚯蚓吃掉，追赶者会及时赶到，将他的财富叼起就跑。最后享用这条蚯蚓的，多半不是原先拥有主权的那只鸡。

如果一只狗在人类的餐桌下捡到一块肉骨头，另一只狗也不会尊重他对这块骨头的主权，而是极为霸道地冲上来抢夺。一场生死搏斗就这样在餐桌底下拉开序幕，往往得打到屋外的场子上才能决出胜负。虽然只有三两只狗，可是他们追捕冲锋时那种喊杀声简直震动屋宇，甚至直冲霄汉，其声势之浩大不亚于人类调动千军万马所展开的生死鏖战。战胜者不但能够享用骨头,还能享受抢劫成功的快感和豪情。

　　人类作为动物家族中的一个种属,也处于这种抢劫本能的深深控制之中。自从人类创造了文化之后,人类就一边创新抢劫方式,一边极力遮掩抢劫的事实,因为所有的抢劫者都会将自己的抢劫行为命名为"替天行道"的"正义战争"。人类区别于动物之处,此即其一。

杀戮哲学：部落时代的生存哲学

　　认真研究过印第安人易洛魁部族的美国学者摩尔根告诉我们："就理论上而言，每一个部落对于未与他缔结和平协定的任何部落都处于交战状态。不论什么人都可以自由地组织一支战斗队去远征他所想要打的地方。"① 值得注意的是，发起战争的人并不一定是氏族领袖，每一个氏族成员都可以这样做。"这种远征行动既不请求、也不需要得到酋长会议的批准。"② 只要能够得到氏族其他成员的响应，这场军事行动就立即付诸实施。北美易洛魁和墨西哥阿兹特克人为什么结成部落联盟，目的就在于壮大自身力量，以便随时可以发动针对其他部落的掠夺和战争。

　　摩尔根的话实际上概括了人类氏族社会处理"国际关系"（准确地说是"部际关系"）的准则，那就是一个字：杀。

---

① ［美］摩尔根著，杨东莼等译：《古代社会》，第94页。
② ［美］摩尔根著，杨东莼等译：《古代社会》，第94页。

非洲阿赞德人在杀俘仪式上唱歌跳舞

这些观点可不是臆测,而是具有充分的历史事实和人类学资料作为依据。近代以来随着西方殖民者的枪炮杀遍全世界,一些人类学家也将自己的足迹和视野扩展到了全世界,这些人类学著作为我们了解原始民族处理"国际关系"提供了丰富的材料。

北美印第安人科曼奇部族也奉行跟易洛魁部族同样的游戏规则。"任何一个科曼奇人都可以发起一场攻击或组织人马交战——如果他有能力聚集一群追随者的话……对科曼奇人来说,战争如果不是作为一项民族政策来有意识地加以推行,就肯定是其民族的一种消遣。"①

————————————

① ［美］霍贝尔著,周勇等译:《初民的法律: 法的动态比较研究》,第145—146页。

对于墨西哥地区的印第安人阿兹特克部落来说，"每个区或镇的人们，都认为相邻区镇的人们是最凶恶的罪人"①。为了获得财富，为了强迫相邻区镇的人们给自己交纳贡赋，他们英勇无比地扫荡着军力所及的地区。"许多村子只是一大栋由土坯或石块盖造的建筑物而已，一些村子则有几栋这样的建筑物。这些集体公有的共同住宅对于阿兹特克人的征服活动来说，是一个严重的障碍，不过他们并不是不可战胜的。阿兹特克联盟不时地向他们进行抄掠，公开要求获取战利品，征索贡赋，并捕捉俘虏作为祭神的牺牲。直到最后，这个地区内的主要部落，除了少数例外，都统统被征服而成为藩属了。"②

在西班牙人占领阿兹特克跨地区以前，阿兹特克人是靠这些被征服者的贡赋，堆砌起他们灿烂文明的。当西班牙人把阿兹特克人作为军事目标的时候，平时因被迫纳贡而结为一体的那些部落，不但不帮助他们对付入侵的敌人，而且纷纷帮助西班牙人进攻他们。阿兹特克人历来凶狠蛮霸地欺负，使这些部落与他们结下了世世代代的仇恨。这些弱小部落终于等到一个看见另一个更加强大的力量将这个耀武扬威的古老征服者彻底打败的机会。

是不是因为上述阿拉伯人和印第安人特别好战，才出现

①［美］瓦伦特著，朱伦、徐世澄译：《阿兹特克文明》，商务印书馆，1999年，第222页。

②［美］摩尔根著，杨东莼等译：《古代社会》，第160页。

这种以战争作为常态的社会特征？非也。

我们再看看亚洲古老部落的情况。美国学者霍贝尔在其名著《初民的法律》中介绍说，古代菲律宾地区的伊富高人将人类社会按照地域的远近区分为四个等级，每个等级的区域自然要区别对待。

第一个等级是"家乡区域"，这个区域通常是指本村舍所处的一个很小的地理单位，比如一个特定的山谷之类。这个区域是一定要和平相处的，即使发生矛盾也必须保持克制，彼此都要避免出现人命案件。

第二个等级是"中立区域"，许多具有血缘关系和婚姻关系的亲属居住在这个挨近自己的地区，得尽量避免跟这个区域的人发生纠纷。但若与其中非亲非故的人不幸发生了纠纷，处理起来也绝不手软。

第三个等级是"士仇者居住的区域"，除了杂居其间的个别亲戚之外，这个区域的人都被看作敌人，他们与这一地区的人世世结仇、冤冤相报，一旦引起纠纷，毫不留情地诉诸杀戮。

第四个等级是"战争区域"，他们与这个区域的人永远处于敌对和仇视状态，没有任何调节和规范双方关系的愿望，任何人进入这个区域一经被发现必定会被杀死。① "一个人通

---

① 参见［美］霍贝尔著，周勇译：《初民的法律：法的动态比较研究》，第134—137页。

常会杀害其遇见的远方来的陌生人"①,这成为他们无需思考的生活准则。所以,当他们需要抢劫财富、需要猎头,就意气风发地对这个区域发动战争。

在中国台湾地区、东南沿海地区、西南山区,古代曾经广泛流行猎头祭神习俗。这些祭神的人头从哪里来? 如果遇上战争,多半可以抓到俘虏用于祭祀活动。当没有战争的时候,或者专门为此发动战争,或者派人设伏捕捉陌生的路人。这跟需要杀取活人的心脏祭祀太阳神的南美洲玛雅王国、印加王国的习俗一模一样。所以,随意掠夺他人的财富、随意捕捉陌生人作为人牲,这在古代世界是流行极为广泛的游戏规则。

原始先民为什么奉行这样的游戏规则? 首先当然是为了满足物质欲望。那个时代生产力水平很低,创造一点财富何其不易。可是抢劫却能使自己如此迅速地拥有如此丰富的财富,实在方便,这种诱惑力太大了。阻碍自己抢劫的是什么人? 当然是财富的主人。那么,将财富的主人杀死是成本最低的成功途径,于是就将外部落的人杀死。或者先杀人后抢财产,或者先抢财产后杀人,怎样方便就怎样为之。

还有,既然杀戮这么重要,是部落生存和自卫的首要功夫,那么很自然地就会形成一种嗜杀的文化和价值观。一个人只有杀力超群、杀功出众,才能在氏族和部落里享有声望和

① [美]霍贝尔著,周勇译:《初民的法律:法的动态比较研究》,第115页。

原始部落的恐惧战袍

地位，这种诱惑何其大也，谁还敢于假装斯文？有的人在氏族内部面临声誉危机的时候，赶紧召集一帮弟兄扑向邻居部落，拎几颗人头来就马上博得一片喝彩声，所有人都对他刮目相看。有的部落甚至规定，男孩到了成年的时候，必须至少先杀一个人才能举行成年礼。如果你不能从外部落的地界上猎取一颗头颅，就永远不给你举行成年礼，你就永远不能享有最起码的社会地位。

　　非洲马赛人给梭标结上缨子，直到这只梭标穿透敌人的胸膛，缨子才能除去。菲律宾地区的巴哥波人，最伟大的理想就是获得资格穿上显示身份的服装，必须杀死两个人才能具备起码的资格。杀第二个人时，他可以缠一种巧克力色头巾，杀了4个人就有资格穿血红色裤子，杀了6个人便可以满身红衣,外加一个红布袋。^①如果你一个人都不曾杀过,你只能是人下之人,谁也瞧不起你。

这种文化对于人们的塑造,只能有一种结果:人人都是嗜杀狂。

信不信由你,这就是人类的基本特性。

---

① 参见［美］罗维著,吕叔湘译:《初民社会》,第203页。

犹太民族的屈辱历史

长期沦为亡国奴

在世界历史上，各种民族的斗争和交往最为活跃的地区是哪里？我认为是地中海东部的巴勒斯坦地区。最频繁地被侵略、被占领、被奴役的地区是哪里？也是地中海东部的巴勒斯坦地区。

巴比伦、埃及、克里特、腓尼基、希腊、罗马等等世界上许多最古老的文明，都集结在地中海的南部、东部和北部。而坐落在地中海东岸的巴勒斯坦，正好处在所有这些古老文明的交汇点上。和平时期它是各大文明友好往来和商业贸易的必经之地，征战时期它又成了所有刀剑和铁蹄的必争之地。每个文明古国都将巴勒斯坦地区划归自己的安全战略区域，尤其是那些强国，更是必须将巴勒斯坦看作自己向另外几个强大文明建设防御体系、发起征战和冲锋的重要基地。

所以，在世界古代史上，巴勒斯坦是一个广受瞩目、出尽了风头的风水宝地，居住在这里的人民，则是受尽了践踏、蹂躏、奴役、屠戮的最多灾多难的人民。

犹太人立国以后，正好生活在这个地区，这是如何苦难深重的民族，仅由巴勒斯坦这个地名，也就尽可知悉。

犹太人的祖先是曾经在美索不达米亚地区创造了辉煌文化的闪米特人。想来他们像闪米特其他各个部落一样，随着文明的发展在整个中东地区散布开来。巴勒斯坦地区本来活跃着腓尼基人，而腓尼基很早就是一个强大的民族，他们具有强大的海上力量。他们是世界上最早的殖民主义者、最早的海盗群体，地中海的航道被他们控制千年之久，他们还在地中海沿岸建立了许多殖民地和商业贸易基地，长期对这些地区进行制度化的掠夺。犹太人渗透到这样强大的民族之间，一定是在流浪路上背负着巨大的生存压力，不得不如此铤而走险进入这虎狼之地。当他们初到巴勒斯坦时，只能是杂居在强悍而又骄傲的腓尼基人之间，而没有能力立国。

按照《圣经》记载，挪亚第十代后裔亚伯拉罕是今天犹太人的直系祖先。他听从上帝的命令在各地流浪，最后在和上帝约定好的迦南（现在的巴勒斯坦）定居。连上帝的契约和特允也没法保证犹太人的生存安全和幸福。亚伯拉罕的孙子雅各一代，遭遇严重饥荒，雅各向时任埃及国务大臣的儿子约瑟夫求助（由此推测，此时巴勒斯坦地区是埃及的属地）。雅各（别名以色列）的12个儿子和他们领导的民族最后在埃及定居了下来。那是在公元前17世纪。

巴勒斯坦既然是埃及的属地，居住在那里的犹太人就应该是埃及的国民。可是他们是被征服地区的居民，不可能具有完整的国民待遇。这种劣等公民在埃及本土谋生时，由于国家法律和政策的安排，全民族整体性地沦为奴隶，这种命运的改变在古代世界历史上只不过是家常便饭。犹太人像牲口一样被迫从事繁重的劳动，受尽折磨。他们的劳动果实则全部是埃及人的财富，他们自己只能过着一贫如洗的生活。整个民族都没有希望，每个个人也没有希望。那种屈辱和压抑可谓空前绝后。

这些绝望的人们，他们每天祈求上帝的帮助，渴望摆脱这种屈辱的境遇。民族英雄摩西就这样应时而生。摩西带领自己的民族重返巴勒斯坦，要在上帝许诺给他们的这块土地上生根开花结果。在摩西启程之初，犹太人处于进退维谷的悲惨境地。如果守在埃及不走，他们没有出头之日。如果往迦南进发，这么一个弱小民族要想重新占领已经被自己遗弃几百年、被其他民族居住建设了几百年的地区，谈何容易。这实际上是一场规模治大的战争。要用一场战争把于此安居乐业几百年的居民赶走，道义上也需要一些理由和说词。

为了鼓起重返故土的勇气，也为了制造将现有居民赶走的战争借口，摩西和他的犹太人说，迦南是上帝允诺给他们的土地。对于一个信神的民族来说，这个说法最为简洁有力，也最具号召力。

经过几十年的跋涉和征战，犹太人终于占领了迦南地区，拥有了本民族的生存空间。这是公元前13世纪。他们以部落联盟的方式发展了一百多年，然后像周边其他民族那样建立了一个王国。不久以后分裂为南北两个王国。

公元前723年，北方王国被亚述军队消灭，公元前587年，南方王国也被巴比伦王消灭。南方王国的精英人物几乎全部被征服者俘虏，押解到巴比伦成为奴隶，一个民族因此遭遇灭顶之灾。半个世纪之后，由于波斯的崛起，巴比伦在波斯的刀剑下亡国，犹太俘虏得到波斯人的解放，立即返回巴勒斯坦。可是这些归国的犹太人依然没法建立自己的主权国家，而是屈服于波斯人的统治之下。被波斯人解放的奴隶，只能沦为波斯人的奴隶。

现在，我们将人类有史以来犹太人与巴勒斯坦的命运变迁连续起来，播映一次幻灯片。

公元前15世纪中叶，巴勒斯坦被埃及统治。

公元前12世纪前后，犹太人与培勒舍特人相互征战，各有胜负。但是总体趋势是犹太人处于弱势。

公元前11世纪末期，大卫结束犹太人的分裂，建立了包括整个巴勒斯坦地区的以色列国家，将宿敌培勒舍特人降为属国。这是犹太民族历史上第一个独立的民族国家，也是唯一一次王朝盛世。惜乎好景不长，独立盛景仅仅维持了两代帝王。

公元前8世纪，犹太人国土并入亚述版图。

公元前7世纪,巴勒斯坦沦为巴比伦的属地,随后被并入巴比伦的版图。

公元前6世纪末,新崛起的强大帝国波斯占领了这个地区,巴勒斯坦成为波斯的属地。

公元前4世纪,马其顿国王亚历山大在控制了整个希腊地区之后,决意征服强大的波斯和埃及,甚至要把整个世界一口吞下,于是长驱直入,一往直前。首先倒在他们铁蹄之下的,就是这个巴勒斯坦地区,因为这是南欧征战者进入亚洲和非洲的战略跳板。

随后罗马帝国称霸地中海地区,整个叙利亚地区和埃及地区都并入罗马版图,巴勒斯坦只是叙利亚省代管的一小部分。巴勒斯坦的地理位置如此举足轻重,可是它的居民犹太人在文化上、政治上、军事上却一直无足轻重,默默无闻。然而,就在这个时期,犹太人的重要性第一次突显出来。耶稣横空出世,他对古老的犹太教进行了若干改造,将这种改造后的宗教传遍了环地中海地区,最后竟然使得罗马帝国不得不将其奉为国教。

罗马帝国分裂后,巴勒斯坦自然成了东罗马帝国和日后的拜占庭帝国的地盘。

7世纪,伊斯兰政权急剧膨胀,巴勒斯坦成了阿拉伯帝国的一部分,这个基督教地区也变成了伊斯兰教地区,犹太教圣地耶路撒冷成了伊斯兰教的圣地。

8世纪后期阿拉伯帝国开始分裂,868年埃及图伦王朝建立,巴勒斯坦又一次沦为埃及的属地。

11世纪前期这里被塞尔柱突厥帝国统治。

1099年至1291年,犹太人成立了耶路撒冷王国,勉励维持了几百年的独立立国历史,这是犹太人历史上极为难得的一段扬眉吐气的日子。

可是好景不长。16世纪初,巴勒斯坦又被划进了奥斯曼帝国的版图。

20世纪第一次世界大战后,巴勒斯坦成了英国的殖民地。

直到二战结束,由于联合国的帮助,犹太人在巴勒斯坦建立以色列国家。犹太人终于又一次拥有独立国家的尊荣。但是,这两次建立国家,都不是仰赖自己的力量,而是借助外力的帮助。

在犹太人反复沦为亡国奴的几千年时间里,他们流离失所,被迫在世界各地漂流,在别人的国家和社会之夹缝里谋生。尤其是罗马皇帝君士坦丁大帝将基督教定为国教之后,基督教一直是欧洲社会的主流宗教(几乎是其单一宗教)。一直坚定不移奉行犹太教的犹太人,始终被欧洲主流社会看作异端,受到种种歧视、排挤和非难。他们随着不同地区歧视程度的轻重差异而奔波不已,唯愿在别人设置的夹缝中多喘息几天。说他们长期在刀口上求生存也大致不谬。他们的那份屈辱和迷茫,是安居在自己家园里的人民永远体会不到的。

"小国寡民"究竟多小多寡

在著名的《道德经》中,老子这样描述他的社会理想:"小国寡民……甘其食,美其服,安其居,乐其俗。邻国相望,鸡犬之声相闻,民至老死不相往来。"[1] 这段话所包含的社会理想被后人以"小国寡民"概括之,某些情况下,人们认为这是一种逆历史潮流而动的反动思想。

那么,在老子所描述的"小国寡民"的历史状态中,国究竟有多小? 小到方圆多少里? 民究竟有多寡? 寡到几人、几十人、还是几百人?

中国历史上的学者,无论是赞成老子思想的还是反对老子思想的,都没有兴趣举证那个时代具体的数字。但是,西方一些研究古希腊罗马的历史学家和一些研究近代原始民族的人类学家,在相关著作中对小国之规模和寡民之数字多有涉

---

① (魏)王弼注,楼宇烈校释:《老子道德经校释·第八十章》,中华书局,2008年,第190页。

及，本文介绍一二，然后以此为依据，触类旁通，也就不难猜测当时黄河流域的原始人群究竟是什么样的规模。

法国学者库朗热（Numa Denis Fustel de Coulanges）在《古代城邦——古希腊罗马祭祀、权利和政制研究》中说，古希腊城邦共和国享有公民权的人口，一般只有二百上下到三五百。其他还有一些不享有公民权的人口，数字也不会太大。这样的国家真是小得不能再小，跟一个氏族的规模差不多。

恩格斯在《家庭、私有制和国家的起源》中说，雅典社会最为兴旺发达时，其享有公民权的人及其孩子总共九万人，没有公民权的人大约四十余万。如果将这个国家还原到统一之前的十个国家，这些数字都得除以十，平均每个国家五万人口，其中享有公民权的人口大约一万。这种数字依然多得不适宜实行直接民主制度，这肯定是希腊晚期最隆盛阶段的人数。

而且，我怀疑恩格斯是错把整个希腊的人口当作雅典的人口了。英国人类学家莫里斯在《人类动物园》里说："整个古希腊的人口，包括外来商人、奴隶、乡村居民和城邦居民，估计大约也只有七万至十万。"[1] 这个数字是比较可信的。至于雅典的人口，莫里斯说只有两万，其中四分之一的人口拥有公民权，那就是五千。即使是这个数字，还是不适宜直接民主制。因为如果开一个五千人的公民大会，实际上每个人都很

---

[1] ［美］莫里斯著，刘文荣译：《人类动物园》，文汇出版社，2002年，第9页。

难发表什么意见,也就很难履行公民的权利。后来代议制的兴起,也许跟人口的膨胀密切相关。

摩尔根在《古代社会》中的说法,应该是最为如实的。他说雅典由4个部落合并而成,其中每个部落3个胞族,每个胞族30个氏族,每个氏族30个家庭。这个时代的家族并不重要,重要的是氏族,因为氏族才是高度自治、高度独立的社会单元。据他估计,每个氏族人口大约120人。雅典所在的阿提卡地区共有360个氏族,那么人口大致就是43 200人。这个时期奴隶制还没有充分发展起来,社会经济还很原始,人口比恩格斯提供的数字小了许多。

顾准在《希腊城邦制度——读希腊史笔记》中说,除了雅典和斯巴达之外,古希腊其他城邦国家领土都很小,一般只有不到100平方英里,纵横只有二三十华里的样子。总面积1000平方英里的阿提卡地区,在被雅典兼并之前共有十余个国家,平均每个国家正好是大约100平方英里。

18世纪摩尔根对美洲印第安人进行考察的时候,发现塞内卡部落共有3 000人口,分属8个氏族,平均每个氏族375人。他还估计,纽约州47 000平方英里土地上,印第安居民从来没有超过25 000人。平均每平方英里有居民2人。每个部落通常只有几百人到几千人不等,氏族那就更小之又小了。

20世纪之初,英国人类学家布朗到印度之南安达曼群岛进行考察。在英国殖民主义者入侵之前,大安达曼岛和小安达曼岛总共生活着13个部落,总共大约5 000人,平均每个部落不到400人。通常一个部落分成10个群体,则平均每个群体大约40人。安达曼群岛总面积大约2 500平方英里,平均每平方英里养育2个居民,这跟殖民主义者入侵美国之前美国纽约州印第安的人口密度一致。如果以一个氏族群体40人计算,这个群体就可以拥有80平方英里的土地。不过肯定有一些不适宜居住的地带必须排除在统计之外,布朗说实际上大多数部落都拥有100—200平方英里领土。

但是安达曼群岛居民的组织形态跟印第安民族有所不同,布朗不称他们的群体为氏族,而是直接称之为群体。他说安达曼群岛居民通常20—50人组成一个群体,这个群体构成一个社会实体,具有共同的领土,采取一致的行动,过着原始共产主义的生活。一个部落一般拥有十余个这样的群体。一个群体一般占有大约16平方英里土地。

殖民主义者入侵之后,安达曼群岛居人民口迅速减少。1901年人口统计显示,他们的总人口不到2 000人。民之寡更是令人惊异。

据历史学家和近代人类学家的共同研究,古代人类最基本的群体就是氏族,氏族是一个高度独立、高度自治的社会单位,无论是胞族还是部落,以至于部落联盟,都是以氏族的绝对独立为前提而组织成社会的。基于此,有学者指出:"最早的国家无论何时何地都是在一个不大的范围内形成的,即在一个地域公社范围内，或者说，在更多的情况下是在若干彼此有着紧密联系的公社范围内形成的。"① 这种形成方式和过程决定了最早的国家必定是小国寡民。

雅典所在的阿提卡地区总共只有1 000平方英里，每个氏族的面积只有不到3平方英里。这个规模跟陶渊明笔下桃花源里的一个村庄的规模差不多。研究埃及历史的学者哈桑说，古代埃及一个地域公社一般生活着50至200人，大一点的生活着400至500人。② 这个规模也让人想到中国的桃花源。

雅典城邦国家已经是公认的文明国家，也有历史学家称之为现代国家。老子所向往的文化状态，应该是在现代国家诞生之前的历史时期，也就是原始民主制度盛行的氏族时代，那时候社会群体规模之小只会有甚于希腊城邦国家。

所以，老子所谓寡民，所指当是一百余人的氏族，所谓小国，所指当是这一百余人所主宰的方圆几里地的领地。若不是这么小，也就不可能"邻国相望，鸡犬之声相闻"。所谓"相望相闻"，不应该是指边境地区的情景，因为再大的国家、再大的疆土，其边境地区也必定是"邻国相望，鸡犬之声相闻"的，

---

① ［俄］贾可诺夫、雅各布森：《"诺姆国家"、"地域王国"、"城邦"和"帝国"（国家类型问题研究）》，转引自刘文鹏：《古代埃及史》，商务印书馆，2000年，第66页。
② 参见［美］哈桑：《尼罗河岸边的史前定居者》，转引自刘文鹏：《古代埃及史》，第65页。

无法以"小国寡民"称之。老子所强调的"相望相闻",应该是指一个氏族所占领的地域中,任何地方或者说大多数地方都能望得见另一个氏族的疆土、能听得见另一个氏族的鸡鸣狗吠。

既然如此,这种充分自治的氏族之"国",也就只能方圆几里地而已。这么小的地域,其所能养育的人口,也就百十位而已。试想,如果一个小国广达沃野千里,还能"鸡犬之声相闻"吗?还能称之为"小国"吗?

老子为什么提出小国寡民的理想?为什么竟然对人类这种最具社会性的动物主张"老死不相往来"?

首先我们要明白,老子之言只不过是在陈述历史事实。我们不要一见"国"字就跟政权、皇帝、税务局、公安局联系起来,也不要把此等"小国"跟自治的采邑或者今天的乡村相比附。老子所谓"小国"跟"国家"还颇有距离。那是一种无君无政、无税无役的自然状态,所有的小国互不统属,各甘其食,各美其服,各安其居,各乐其俗。见惯了集权政治的国人大概不大敢想象这样的状态,其实,这样的小规模群体互不统属的状态,在原始社会是普遍的常态,即使进入国家阶段之后还常常有之。

三千年前的古希腊是后人用来描述环地中海地区古代文明的一个概念,它是由二百来个互不统属的城邦共和国组成的。地中海东岸的腓尼基是一个曾经牢牢掌握地中海霸权的强大民族,可是他们也是一个个散布在迦南地带的互不统属的小国。它们可不像中国夏商周三代那样有一个共主统属众国，没有，它从来不是一个权力上的整体，而只是一个文化上的、商业贸易上的共同体。

诸如蒙古族、苗族等等，在漫长的历史长河中，大多数时间都没有一个统一的机构成为权力中心。凉山的彝族直到20世纪上半期，还是处于每个农庄各安其居、各甘其食的自然状态，所有的农庄互不统属，除了抓来的汉人境遇悲惨，沦为奴隶，其他方面还保留了老子"小国寡民"和陶渊明桃花源山村的遗风。打个比方说，如今觅食在非洲的一个一个黑猩猩群体，他们就是互不统属的，如果我们一定要他们建立一个非洲猿民共和国，为之建都封侯，那就是玩笑开大了。

老子不幸生活于氏族社会向政治国家转变业已完成的时代，他对此显然严重不适应。中国远古历史上的许多隐士，比如许由等等，他们都像老子一样对社会制度的发展变化不能接受，不愿意参与到以国家政权名义实施的残暴游戏之中，所以许由不愿意跟尧一起担任盟主，而是隐居到远离尘嚣和国家的箕山上躬耕自养。老子所面临的现实比许由所面对的现实严酷百倍，君王的野心和国家权力都已经膨胀到顶点。面对这个横征暴敛、拓疆开土、生灵涂炭的时代，老子呼吁贪婪的统治者克制残暴的欲望，多多温习先祖小国寡民、各安其居的历史传统。

这种传统就是在原始共产主义的氏族制度中，人人都能得到尊重和保护,人人都有安全感和生存权。就像《礼记·礼运》中孔子所言:"大道之行也,天下为公。选贤与能,讲信修睦,故人不独亲其亲,不独子其子,使老有所终,壮有所用,幼有所长,矜寡孤独废疾者,皆有所养。"[1] 这就是中国人向往了几千年的大同理想。顺便说一句,大同思想绝对不是建立一个覆盖全球的超级帝国,而是每个自然群体都能自安自处,不受国家和其他群体的掠夺、奴役和迫害。

孔子虽然很向往这个大同理想,他却有意识选择对氏族社会进行摧毁和取代的宗主制政治国家作为自己的政治目标,也是在《礼记·礼运》中,孔子还说:"今大道既隐,天下为家,各亲其亲,各子其子,货力为己,大人世及以为礼。城郭沟池以为固,礼义以为纪;以正君臣,以笃父子,以睦兄弟,以和夫妇,以设制度,以立田里,以贤勇知,以功为己……是谓小康。"[2] 他已经只想为小康目标而奋斗了。

相比较而言,孔子是个现实主义者,老子则一直是个理想主义者。不过,他们的现实选择虽然不同,他们的理想则是相同的,那就是大同世界。这种理想在中国文化中一直受到崇仰和憧憬,只可惜被后世文人予以国家化的理解和诠释,以为

---

[1]《十三经注疏》整理委员会整理:《十三经注疏·礼记正义》卷二十一《礼运第九》,北京大学出版社,1999年,第658—659页。

[2]《十三经注疏》整理委员会整理:《十三经注疏·礼记正义》卷二十一《礼运第九》,第660—661页。

大同世界就是由圣君明主教化和驾驭之下的和谐天下，这种误解真是根深蒂固。只有陶渊明深通老子孔子的心意，他对于桃花源那个村庄的描写乃是再一次将这个伟大理想凸现到国人面前，这个无君无政、无税无役、老有所安、幼有所养的村庄才是真正的大同世界的缩影。

老子所怀恋的氏族时代，是不是真的那样"老死不相往来"？其实不然。各部落之间的掠夺和屠杀也常常是严重的，有的氏族甚至以掠夺其他氏族的财产作为一种惯常的生产方式。但是在氏族内部，则绝对是实行民主制度的，也就是绝对如孔子所言，真正是"天下为公，选贤与能，讲信修睦"。印度安达曼群岛的居民直到20世纪初还没有任何法律可言，无论是酋长还是公众，对大家不能容忍的人物或者事件，只能在背后予以道德谴责。这样的格局当然不用担心国家强权对于个人或者公众权益的剥夺。摩尔根反复强调，民主制度一直与氏族社会相始终，这种伟大的传统直到进入政治国家之后还保留了相当长一段时间。

即使就国家而言，也是小国比大国更接近人性。瑞士历史学家布克哈特说："一个小国其实享受千真万确的自由，这种自由优于一个大匡所拥有的许多特权甚至其权势。"[1] 像

---

[1]　［瑞士］布克哈特著，金寿福译：《世界历史沉思录》，北京大学出版社，2007年，第30页。

这样的历史经验和政治经验，老子大约早就参透了。"小国寡民"的理想中，就包含着这样的经验和主张。

而老子所处的时代，国家权力正在一步步膨胀，以国家的名义所进行的掠夺时时在发生、天天在强化，这成为民不聊生的主要原因。老子怀恋氏族时代，实际上是在表达他对日益膨胀的国家权力的抗议，和对大国强权政治的否定。他主张"老死不相往来"，是在肯定氏族时代原始民主制度的合理性，是在奉劝统治者尊重生民们生存的权利，尊重各种人群的自主权和自治权，放弃侵略、掠夺、杀戮和奴役。这些愿望的背后，就是无为而治的政治主张。可见，"小国寡民"的思想非但不反动，而且充满了人文理想。

总之，与中国儒家世世代代所怀恋的大同世界一样，"小国寡民"乃是原始共产主义和平世界的另一个代名词，它是老子人文理想的集中体现。

鲧禹治水成败原因猜想

古老的治水故事说,鲧治水只知道堵,9年而不见功效,被舜所杀;禹治水长于疏导,终于成功,遂成民族英雄。这个故事有两点让我感到困惑;第一,治江河之水宜导不宜堵,这个道理谁都懂得,那个名叫鲧的政治领袖何以偏偏不懂?第二,纵使鲧治水有过,也不应该惨遭杀身之祸,为什么他偏偏这么倒霉?

近日读到江林昌煌煌八十万字的巨著《中国上古文明考论》,才对这两个问题有一点合理的猜测。江著引述地质考古学家的观点说,在距今4600—4000年之间,黄河入海口由苏北平原改为河北平原。鲧禹治水的时期,正是黄河改道的活跃时期。这个复杂的改道不是一蹴而就的,肯定经过了多年的洪水泛滥、反反复复,最后才完成水道的选择和确定。

当水道往北偏移的时候,在布满村庄和田园的河北平原冲开一条新路,由此给这一带的部落带来巨大的灾难。而淮北平原、苏北平原的老河道,本来就没有居民,让河水沿着老河道汹涌入海，才是最稳妥最经济的办法。看来鲧采取的就是这种治水思路，他在华北平原上筑堤设防，拦截河水，逼着浩浩洪水朝老河道前进。

可是洪水不随人愿，一次次冲决鲧所建立的堤防，在河北平原横冲直撞，当地的居民一次次蒙受灭顶之灾。一时怨声载道，部落之间的矛盾空前激化，部落联盟的稳定性受到严重威胁。这时候，作为政治家的舜为了挽救部落联盟的凝聚力，只好杀鲧以平息民怨，并修补部落关系。《史记》说"天下皆以舜之诛为是"，说明许多部落就等着舜把鲧杀了解恨。这与我的猜测颇为相符。

禹受命于危难之中，立即变更治水思路。他放弃黄河故道，按照滔滔洪水的新趋势，在河北平原上迁徙村庄，安置移民，调集劳力，开沟凿谷，有意引导河水循山入川、直奔大海。黄河终于顺利改道，洪灾于是大大缓解。禹也在治水过程中建立起了崇高的权威和个人声望，从而成为空前的民族英雄，还成为夏族政权的奠基者。

鲧禹父子（其实未必是父子，只是同一个氏族的先后酋长，那时候继任的酋长不一定是老酋长的儿子）之不同抉择和不同结局，乃是"顺天者昌、逆天者亡"之见证。

孔子的社会理想和现实选择

　　孔子终生都在弘扬周礼，很容易让人将周礼误解为孔子的最高理想。实际上当然不是。

　　孔子的社会理想是什么？《礼记·礼运》里孔子发表那一通长篇大论的时候，开宗明义讲的就是他的社会理想。但是他对自己的理想没有展开论述，全文集中论述的却是他的现实目标。简要地说，他的社会理想就是大同，他的现实目标就是小康。

　　什么是大同？子曰："大道之行也，天下为公。选贤与能，讲信修睦，故人不独亲其亲，不独子其子，使老有所终，壮有所用，幼有所长，矜寡孤独废疾者，皆有所养。男有分，女有归。货恶其弃于地也，不必藏于己；力恶其不出于身也，不必为己。是故谋闭而不兴，盗窃乱贼而不作，故外户而不闭，是谓大同。"

　　什么是小康？子曰："今大道既隐，天下为家，各亲其亲，各子其子，货力为己，大人世及以为礼。城郭沟池以为固，礼义以为纪；以正君臣，以笃父子，以睦兄弟，以和夫妇，以设制度，以立田里，以贤勇知，以功为己。故谋用是作，而兵由此起。禹、汤、文、武、成王、周公，由此其选也。此六君子者，未有不谨于礼者也。以著其义，以考其信，著有过，刑仁讲让，示民有常。如有不由此者，在势者去，众以为殃，是谓小康。"

很显然，孔子的现实选择与他的社会理想出现了严重的分裂。在现实的政治生活中，孔子主张用"礼"明确社会各个等级的特定身份，以及各自的责任和义务，从而建立和维护一个"有礼"的社会政治秩序，使得各个等级中的每个人都能安居乐业。仁政礼治于是成为他的政治目标。为了实现这种目标，每个等级都得有所担当、有所克制。孔子为了推行这样的政治主张，也不得不克制他的大同理想。

孔子之所以被后世社会控制集团奉为圣人，就是从这种分裂开始的。因为这种"礼治"模式充分肯定了社会控制集团的权力之合法性。站在底层贱民角度来看，他也为贱民的生存权利设置了最低的保障线。所以，孔子的学说有利于"维持"平衡。至于后世社会控制集团只利用孔子学说来强调自己的合法性，而抽空了"礼治"模式所赋予自己的责任和义务，那可不好要孔子本人负责。

在中国文化的词典中，大同的品位当然高于小康。周礼就是用来维系小康格局的。孔子选择低品位的小康目标，以周礼为准则，在那个礼崩乐坏的时代致力于改造社会，没有伟大的抱负、坚韧的意志和透彻的智慧是不行的。

　　仅仅抒发一下理想是容易的，现实而且主义却很难，因为现实主义需要思想的穿透力和守拙处卑的平常心。能思想的人很多，具有穿透力的很少。描述光明前途的人很多，担当现实责任的人很少。渴望崇高的人很多，愿意守拙处卑的很少。

没有底层就没有国家

氏族社会没有底层。

那时候人们也有地位的差异，但是不存在阶级分野。有的人因为狩猎能力超群而广受尊敬，有的人因为耕作技术出众而收获丰富，并可能因此而被推举为酋长。有的人因为作战勇敢，声望远胜他人。今天有的会社组织甚至给该组织的全体成员分出不同的等级，从低等级晋升到高等级就像今天的军人晋升军衔那样煞有介事。但是这些情形都不足以形成固定的阶级，因为所有那些声誉和地位在理论上是对所有人开放的，只要你狩猎能力或者耕作技术超群出众，你就必定广受尊敬，只要你作战勇敢，就肯定享有较高"军衔"。这些资源不被任何人垄断，而是向所有人敞开。

尤其关键的问题是，所有这些声誉和地位都不能折算成财富。原始社会的人们奉行"吃光用光、身体健康"的生活态度，谁的财富超出自家吃用所需，大家会毫不客气地将你的超出部分迅速消耗掉，让你变得跟大家一样两袖清风。一个人如果因为财富丰厚而当了酋长,他就必须用他的财富来资助社区的庆典活动和宗教活动,在这些活动中设宴招待大家。如果他舍不得将自己的财产散给大家享用,他不但酋长的位子保不住,甚至连生命也保不住。因为原始社会的人们常常处死不散财的酋长。原始社会的这种结构形态和游戏规则,决定了他们无法滋生阶级和阶级压迫。

当不同氏族、不同部落经过漫长的残杀、对抗、征服、磨合,最后组织成国家的时候,不同的群体演变成不同的阶级。国家横空出世,它所奉行的结构形态就是分层结构,不同等级的人群享有不同的政治地位。

底层就是在这时出现的,但不是像我们想象的那样自然而然出现的,而是由掌握国家权力的权贵集团有意制造出来的。

古希腊时代的雅典共和国,是由4个部落联合成一体的政治实体,每个部落有90个氏族,总共360个氏族。氏族是高度自治、高度独立的社会单元。居住在阿提卡地区的4个部落实现联盟时,各自具有自己的领土和行政中心,每个行政中心各有自己的会议厅和迎宾馆。部落联盟只有一个共同的军事首领,称为"巴赛勒斯",负责协调军事行动。政治上每个部落是完全独立的,部落里边的氏族也是各自独立的。氏族首领都是选举产生。

在氏族内部,每个人享有的声誉和地位当然有差异,那些参与氏族间交流和部落间交流的人还能享有更为广泛的声誉和地位。但是，这种声誉和地位依然没有坚实的壁垒，享有这些声誉和地位的人与尚未享有此种声誉和地位的人并没有明确的阶级分野。因为拥有那些声誉和地位的机会是向每个人开放的，谁都可以因为劳动技能、思想智慧、人格品质、辩论能力等因素在本氏族脱颖而出，进而代表本氏族进入到联盟的交流之中。

瑟秀斯在担任军事指挥官之后，决定对国家制度进行改革。他首先说服各个部落将自己的会议厅和迎宾馆撤销，只在雅典保留一个共同的会议厅和迎宾馆。雅典事实上成了大家共同的政治中心，4个部落因此逐渐融合为一个政治实体，一个被后人命名为雅典城邦共和国的统一体。在这个实体中，所有的部落和氏族都是平等的。当360位酋长共商国事的时候，他们是一个掌握权力的群体，但是每个酋长都是氏族的代表，他们各自面对自己的氏族时，他跟氏族中的每一个人都是平等的。如果酋长的人选有变化，掌握国家权力的群体也跟着变化，所以那个群体无法垄断权力资源。所有公民在声誉和地位上的差异也不具有阶级意义，因为彼此可以流动变化。

接下来瑟秀斯将国民区分为士族、农民、工匠三个阶级，给他们分配不同的政治权力和政治资源。他规定：凡属宗教和政治方面的主要官职，只能由士族阶级担任。这种制度设计不再将氏族看作权力的来源，而将国家看作权力的来源。

印度贱民

那些杰出人物的地位不再是氏族赋予的,而是由国家以全体公民的名义赋予的。国家成了权力资源的生产者和控制者。各个阶级由国家分配不同的政治权利、经济权利、社会空间和地位。这是国家的基本特征。

瑟秀斯的改革成效不大,原因是氏族社会的结构根深蒂固,要以国家的名义将其摧毁尚不容易。直到晚一点的政治家梭伦出现在政治舞台上,摧毁氏族制、建设政治国家的时机才大体成熟。所以梭伦成为希腊政治史上划时代的政治家。他按照财产的不同将雅典国民分为四个阶级,并规定每个阶级对国家的权利和义务各不相同。第一个阶级既不劳动也不服兵役,而是专门担任各种高级公职,掌握国家权力。第二个阶级服骑兵役。第三个阶级服重装步兵役。第四个阶级服轻装步兵役。[①] 想来那个时代的雅典也像古代中国人一样,每个兵士都是自己带着装备参军打仗,因为阶级高贵的人参加的是需要复杂装备的兵种,阶级低微的人参加的是需要简易装备的军队。装备所需的费用跟他们的经济能力相一致。

第四阶级当然人数最多,他们没有担任官职的权利,但是也没有纳税的义务。在国家的资源分配中,他们所拥有的土地和奴隶肯定最少,所从事的产业肯定最低微,除了农业之外,很可能都是修鞋的补伞的磨刀的卖糖葫芦的之类,总之是

---

① 参见[美]摩尔根著,杨东莼等译:《古代社会》,第210页。

成天被城管追着到处跑的那一类。

这样一来，雅典就有两个底层阶级，一个是奴隶阶级，他们由战俘和罪犯演变而来，世代承袭，永无出头之日。他们只给奴隶主和国家提供永无休止的劳动，是人类历史上第一个创造"剩余价值"的人群，他们的血汗是国家财政赖以运转的保证，也是第一个阶级无需参加劳动和军役的保证。第二个底层阶级是平民中的最低等级即第四阶级。人群广大的第四阶级虽然不用纳税，但是他们作为庞大军队的兵力来源，能够实施大规模的抢劫行动。国家就用他们的出生入死开辟出滚滚财源，供权贵阶级挥霍和享乐。

国家是什么，国家是为那些权贵人物施展经天纬地、杀伐征战的伟大天才和勤政爱民、日夜操劳的伟大品德所提供的一个平台，也是为他们提供巨大财富、无度享乐、高贵体验、超人感受的一个现实空间。

国家是权贵们为自己创造的一个玩物、一个私物，为了玩好这个私物，权贵们需要一个庞大的底层承担四项伟大的功能：第一，为权贵们提供无穷无尽的税赋，供他们纵欲无度地享乐；第二，用自己的饥寒交迫、凄厉哀嚎衬托权贵们的成就感和优越感，以及偶尔发点救济品象征性地解民于倒悬的崇高感；第三，遇到涉外武装活动时除了疯狂抢劫敌对部落财富外，还得适时地按照权贵们的命令担任炮灰（或者箭靶）；第四，在长期没有涉外武装活动时，英勇充当牺牲品以满足权贵们杀人玩血的心理需求。

由此可见，底层人对于保证权贵们的生活质量和精神享受具有多么重要的作用。如果没有底层，那些壁立千仞的伟大事业和伟大人物就没有基座。

部落组织的主要作用之一就是向敌对部落实施抢劫计划。国家的形成当然是一种巨大的进步，其进步意义主要在于，权贵们不用冒箭矢刀斧之险，仅仅在社会组织方式上稍做手脚，就能以国家的名义对本国的底层人实施连续性的、制度化的、不知不觉的最大规模抢劫，这种伟大的智慧所创造的伟大的成功足够权贵阶级世世代代骄傲不已。

而且，这一点也不耽误对其他部落其他国家的抢劫，一旦需要对外动武，只要吆喝那些贱民开向敌阵，根本用不着亲自动手，天下金银财宝就尽入彀中。国家虽然是"文明"的产物，可是它在抢劫和屠杀他者上一点也不逊色于"野蛮"的部落。

关于制造并永远保持一个人数庞大之底层阶级的必要性，中国周代的政策阐述得最为清楚，这种政策也是实现这一目的最有效的保证。

周代规定，按照农夫地位的高低不同，分给肥瘠不同的农田。上等农夫的肥田所产粮食足够养活一家九口，次等农夫所得次田足够养活八口之家，再次之养活七人，再再次之养活六人，下等农夫所得瘠田可养活五人。庶民若是应征去当官差,其待遇比照以上五等农夫的收入水平,分等级核定。①

到这里为止规定的是底层人的收入,他们无论多么克勤克俭,最伟大的成就也只能勉强养活九口之家,要想谋求更伟大的前途那是断断不可能的。也就是说,底层人的命运决定了他世世代代永远只能是底层人。

到了士、大夫等阶级,其财富的拥有跟底层人就大不一样,因而他们的发展空间和家族前途也就大不一样。最低等的士,虽然他们完全不从事体力劳动,其最少收入也得相当于上等农夫全家劳动的总收入,随着地位的提高,他的收入还可以不断提高。《礼记·王制》接着说:"诸侯之下士视上农夫,禄足以代其耕也。中士倍下士,上士倍中士,下大夫倍上士。卿四大夫禄,君十卿禄。次国之卿三大夫禄,君十卿禄。小国之卿,倍大夫禄,君十卿禄。"②——国家用这种方式规定了每个阶级不同的政治地位、与这地位相对应的经济收入。政治地位越高,收入翻倍翻得越多越快。做一个大人物是多么令人羡慕。谁能成为大人物,则由那些已经成为大人物并掌握着国家权力的少数权贵决定。

---

① 《礼记正义》卷十一《王制第五》曰:"制:农田百亩。百亩之分:上农夫食九人,其次食八人,其次食七人,其次食六人,下农夫食五人。庶人在官者,其禄以是为差也。'《十三经注疏·礼记正义》卷十一《王制第五》,第335页。

② 《十三经注疏》整理委员会整理:《十三经注疏·礼记正义》卷十一《王制第五》,第335页。

　　国家权力给底层人规定的政治空间和社会空间特别狭小,设置的禁区却特别多。无论你多么优秀,无论你具有多么杰出的经天纬地安邦定国之才,你都无法获得政治地位,因为国家只允许你劳动和纳税,不允许你别有所图。一个底层人要想改变命运,他所面对的是整个制度的力量和秩序。在这样的制度和秩序面前,所有的勤奋努力、所有的道德磨砺、所有的人格修炼、所有的精神涵养,都不能发生作用和影响。

　　相反,为了保证国家拥有一个足够庞大的底层,权贵们必须不断使出各种政治、经济手段,逼迫一些"中产阶级"破产,让他们源源不断地沦为"底层"。梭伦改革将公民分为四个阶级,就因为奴隶阶级这个底层还不够庞大,与国家的需要和文化的灿烂还不般配,于是将公民中最大的群体打入底层。这一招大大减少了分享奴隶劳动成果的公民人数,同时可以将第四阶级逼向殖民地,为国家抢劫更多财富。

　　果然,梭伦改革成为古希腊划时代的事件,雅典军人迅速向小亚细亚扩张,在地中海和黑海沿岸建立了大量的殖民地,由抢劫和贸易所得的财富源源不断地流入雅典的国库和权贵的腰包,雅典一时间成为希腊世界的老大。

　　为了防止少数桀骜不驯的底层人对国家内部的制度性抢劫心怀不满,国家不得不用底层人缴纳的血汗钱建造庞大的监狱。只要他们的不满稍有流露,就将他们囚禁起来。如果他们企图对上流社会进行报复性抢劫,就将他们处死。为了威慑底层人老老实实纳税，必须建造一支警察部队随时恐吓他们、镇压他们。为了囚禁、镇压、处死他们时具有拿得出手的理由，就需要建立一套名叫法律的游戏规则。于是国家用法律的方式规定，底层人不纳税就是犯上，斩无赦，纳税而想拿回来是抢劫，斩无赦。

标志着国家之诞生的监狱、警察、军队、刑法等等事物，都是因为有了底层才有了出现的理由和存在的必要。人类社会由氏族时代进入国家时代，所需要完成的第一项工作，就是规定谁是底层。一旦用强力制造出一个庞大的底层，国家就横空出世了。

光用军队威慑底层还不够，还得豢养一大批士大夫从文化上、精神上将底层人的精神摧毁。士大夫们按照权贵们的吩咐天天画符念咒，永不停息地诅咒底层人"野蛮"、"原始"、"土著"、"愚昧无知"、"冷漠麻木"、"灵魂黑暗"、"科盲"、"法盲"等等。

到了现代社会，他们把这样的符咒念到了杂志上、报纸上、电视上、所有的专著上。

念够了一定数量就有俸禄，念超了一定数量就有赏钱。

所有的图书馆、所有的大中小学、所有的精英会议、所有的底层训话，全绘这样的符咒塞满了，容不下一点底层人自己的内容。

所有的权贵和精英通过对底层人的诅咒、批判、压榨、提防而团结为一个整体，伟大而又高贵的上流社会就这样形成了。

光是诅咒还不够，更重要的是给他们"教化"和"启蒙"。于是一部分士大夫们以巨大的激情研究教化门径和启蒙方法，焚膏继晷，不辞辛苦与煎熬，直到把自己熬成圣贤。底层人诚惶诚恐地跟着圣贤的符咒牙牙学语，刚学会甲乙丙丁，圣贤跟权贵一咬耳朵，马上来一场符咒革命，又改念子丑寅卯了。底层人一下子懵了，拍着额头只恨自己太弱智。

他们不知道没有底层就没有国家。

如果没有国家，权贵们的伟大智慧和崇高品德到哪里去展现呢？绚丽多彩的艺术和灿烂辉煌的文化从哪里诞生呢？时不时地出现于各个时代、各个种族的划时代圣贤哪有可能产生呢？

所以，所有具有话语权的人都说国家是伟大的事物，而底层人永远像泥土一样沉默无言，历史从来没有关心过他们的精神世界和心路历程，他们只有老老实实当着底层人，世世代代。

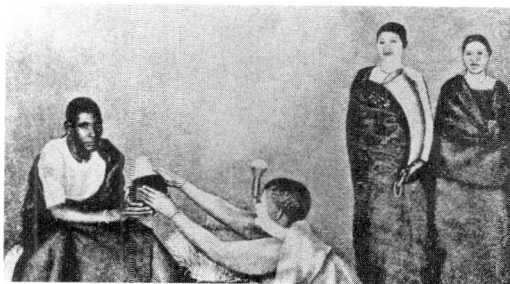

第三辑

无人愿意染指的王冠

远古时代，
国王的权力不是建立在暴力的基础上，
也不是建立在玩弄权术的基础上，
而是确确实实建立在为老百姓
谋求福祉和利益的基础上。
虽然没有现代民主国家的问责制，
但是公众所加给国王的责任，
几乎达到了残酷的程度。

我们拥有三百万年的民主经验

人类常常错误地理解自己的历史，有时甚至长久地歪曲自己的历史。比如，我们本是从灵长类动物中分化发展而来的，可是我们早就忘记了这个事实，当一个名叫达尔文的科学家经过周密研究重新指出这个事实时，遭到了西方社会精英群体的猛烈攻击。这个故事显示了人类陷入认识的迷雾有多深。

另一个同样严重的错误出现在人类对于自身制度史的认识上。在现代人的描述中，民主制度似乎理所当然地是"文明时代"的伟大创造，是直到近代才逐渐繁荣起来的一种游戏规则。远古时代则难免由残暴的国王大权独揽，独霸天下，他们一个个喜怒无常、专横跋扈、草菅人命、为所欲为。所有的生民都在野蛮、专制的茫茫黑夜备受煎熬。

这种错误由来已久，自古而然，用美国学者霍贝尔的话说："古老的政治哲学认为，初民生活在一个犬牙魔爪暴虐统治之下的社会里，这一认识是毫无事实根据的。" ①

----

① ［美］霍贝尔著，周勇译：《初民的法律：法的动态比较研究》，第311页。

自古以来的这种错误猜测充分体现了"文明人"的自负，我们把制度结构中理性的部分理解为"文明时代"的产物，而将制度结构中对人类构成伤害的部分看作是历史的馈赠。这种成见即使不能说是颠倒黑白，至少也必须指出，这是人类对于自身历史最荒谬的误解。

跟达尔文大致同时代的英国学者弗雷泽（James George Frazer）的《金枝：巫术与宗教之研究》和美国学者摩尔根的《古代社会》，用严谨的研究揭示了人们在远古时代或者说原始社会的生活面貌，描述了原始文化和原始民主制度的真相，这标志着人类对于远古时代历史的荒谬认识的终结。

在原始社会，那些被称作酋长或者国王的政治领袖，其遴选、上任、下台都在民众的掌握之中。在有的酋邦，民众如果对国王不满意，只要送上几颗鹦鹉蛋就能让事情圆满解决。

弗雷泽介绍说，在18世纪的某一天，非洲埃俄王国的一个民众代表团，受广大民众的托付，来到国王的宫殿，送给国王一些鹦鹉蛋作为礼物。这些礼物的含义是：国王您肩负执政的重任一定很累了，现在是应该考虑摆脱繁重忧劳、轻松地休息睡眠的时候了。

国王收到这份礼物，知道民众已经不满意他了。他恭敬地向代表团致辞，感谢臣民为他的健康舒适着想，然后退回自己的内室去歇息。表面上看好像是去睡觉，实际上他一进房就必须吩咐他的女人将自己勒死。整个过程很快就会完成。

国王死后，他的儿子就像什么事情也没有发生过一样，安安静静地上台执政。这样的习俗一直延续到18世纪末期。①原始社会民主制度的完备和彻底由这个故事可见一斑。

摩尔根对原始社会之氏族制度的政治特征进行了这样的总结："氏族制度本质上是一个民主制度。每一个氏族、每一个胞族、每一个部落，都是一个组织完备的自治团体，当几个部落联合成为一个民族时，其所产生的政府的组织原则也将同该民族的各个组成部分的活动原则相协调。"②

在原始社会发展为阶级社会的漫长过程中，有的民族过早出现了君主制度。随着社会组织的日趋复杂，文明程度的日益提高，君主制度却越来越朝着集权、专制的方向发展。一个政治家越是才能超群、意志强大，他对原始社会的民主原则就背叛得越是彻底。可以说，这是人类史上一个极其奇怪的逆流。

可是，也有一些民族在原始社会向阶级社会转型的过程中，极为尊重历史上的民主原则，千方百计维护这种文明原则。就在埃及的法老、中国的周王号令四方时，古希腊城邦中的贵族们却依然像氏族时代那样商议公共事务，还常常召开国民大会对贵族们制定的政策和各种方案进行表决。这种对

---

① 参见［英］弗雷泽著，徐育新等译：《金枝：巫术与宗教之研究》，大众文艺出版社，1998年，第174页。

② ［美］摩尔根著，杨东莼等译：《古代社会》，第197页。

于国家事务的全民参与,对于治国和卫国责任的全民承担,忠实地体现了氏族时代"全体氏族成员共同负责"的政治原则。

直到希腊北方的君主国家马其顿将雅典、底比斯、科林斯、卡尔基斯等等城邦共和国全部征服之后,这些城邦的民主制度才被摧毁,希腊世界才跟埃及、中国一样,进入君主制度时代。

君主制度是对原始社会民主原则的全面背叛和摧毁,所以摩尔根旗帜鲜明地指出:"君主制度同氏族制度是不相容的。"①

根据弗雷泽和摩尔根的研究,人类不仅拥有像亚历山大和秦始皇那样实行专制和奴役的历史,同时拥有更加漫长的民主制度的历史。人们习惯上认为,人类作为一种物种已经拥有三百万年的历史,也就是说人类的原始社会是从三百万年前开始的。严格意义的君主专制制度,在人类社会的流行却不到三千年时间。

既然民主制度在历史上延续了三百万年,专制制度不过流行了三千年,是不是可以说民主制度更加适合人性?是不是可以相信它在人类神经深处的刻痕比专制制度留下的刻痕更深更牢?当我们不得不为三千年专制史所留下的罪恶感到耻辱时,我们是不是更有理由为三百万年的民主制度史感到

① [美]摩尔根著,杨东莼等译:《古代社会》,第197页。

欣慰和骄傲？三百万年的民主传统，其力量不足以抵挡三千年的专制传统的挟持和规范吗？

如果我们越过三千年专制制度之惨痛历史，地球上每个人都可以骄傲地宣称：我的祖先世世代代生活在自由、民主的氏族之中，我的身上流淌着自由、民主的血液，我们拥有三百万年自由、民主、和平的政治经验。

令人遗憾的是，人类对于这样一个简单的事实一直没有明确意识到，当弗雷泽和摩尔根向人类揭示这一历史事实时，人类几乎没有予以起码的重视。尤其不幸的是，弗雷泽和摩尔根的言论甚至没有机会像达尔文的学说那样遭到全社会的反对和声讨，因而无法产生广泛的影响。至今为止，他们的学说局限于研究历史的少数学人之中，而不被公众所了解。

当年的达尔文一定没有意识到，那些对着他大吐唾沫的欧洲绅士们，为他的进化论之普及所做的贡献是如何地与日月同辉。就此而言，一百个捍卫和宣传进化论的赫胥黎所能造成的影响，也比不过那些阵营强大的反对者们。

假如弗雷泽和摩尔根九泉之下发现了这一点，他们对当年几乎被"文明世界"的唾沫淹死的达尔文，该是多么羡慕不已。

好在人类在近几百年来的历史实践中，一直在将原始先民（被称为野蛮人）的政治思想和民主实践，转化为所谓"文明人"建设民主政治的伟大资源。

古代国王责任大权力小

在现代人的描述之中，古代国王绝对是大权独揽，独霸天下，同时他们一个个喜怒无常、专横跋扈、草菅人命、为所欲为。而且，我们还以为越是远古时代，国王就越加权力无边、恶贯满盈。

其实，这是现代人对古代社会的错误猜测。这种猜测的依据是什么？一部分依据是今天流行的民间故事、童话故事、历史故事等等，而这些故事所体现的人类记忆，主要都是有文字和文献以来的所谓文明史的记忆，这段历史我看要命名为"中古时代"才对。此前的历史则应该命名为"远古时代"。关于中古时代的集体记忆，无法用来推测远古时代的人类状况。

另一部分依据甚至是最近一百余年出现在地球上的现代集权国家的权力和体制。因为现代集权国家无限膨胀国家权力，无限挤压社会公共空间和私人空间，给人以国家和国家领袖万能的印象。

这种种依据未必可靠，我们的猜测可能常常不着边际。

弗雷泽《金枝：巫术与宗教之研究》引用了大量人类学资料，为我们重现了古代社会国王的职责及其命运的真实面貌。

在人类社会刚刚出现领袖的时候，国家权力还不怎么发达，领袖的主要功能是通过祭祀活动与神灵沟通，并代表神灵给民众谋利赐福。那些身为氏族和部落首长的领袖们，世俗权力极少，主要乃是作为巫师和祭司而掌握着那个时代的神权。直到社会逐渐成熟，这些领袖才慢慢发展为酋长、国王、皇帝等等。

这些祭司或者首长或者国王乃是代表公众的福利，与大自然的神秘力量以及神灵沟通、周旋，所以他们必须谨言慎行，不能以任何方式得罪神灵，以免给民众惹祸。这些传统一直到中古时代还常常被皇帝遵守，近代的一些原始部落首领当然更是严格遵行。

在古代，日本天皇的每个早晨都是这样度过的：他必须头戴繁复而又沉重的皇冠，连续几个小时端坐在王位宝座上，像一尊塑像那样，手、足、头、眼以及全身所有其他部位都不能动弹。

这种禅定式的姿势对于常人来说当然是难以忍受的折磨，可是天皇不是常人，他是秉承天帝意旨造福人间的万物之王。

时俗认为，万一天皇的身体不幸向某个地区移动、倾斜，或者他的目光注视到了某一个地区，就可能会有战争、饥荒、

利比亚地区的巫医

火灾等等灾难出现在某个地区甚至全国。

为了保证风调雨顺、万民安居乐业，保持帝国的和平稳定，他必须忍受这种煎熬。

除此之外，他还必须遵守许多其他禁忌，诸如终日不可在光天化日之下暴露身体，头发胡子指甲等等不可轻易剪除，为了卫生只能在夜间偷偷洗澡等等。他的脚不能着地，需要移动身子时只能骑在别人的肩上。

他既然享有天皇之尊，就应该承担与此相称的责任。

在非洲西海岸沙克岬，祭祀之王库克禄孤独地住在森林之中，他不得碰一下妇女的身体，不得离开自己的房子甚至座椅。即使是睡觉他也必须坐在椅子上，如果躺下，他就可能神力消失，可能导致风雨失调、航运停止。他必须为民众管辖风暴，维持宁静的气候，造福人间，这是他必须履行的责任。至于他个人所承受的不方便甚至折磨，那是他不得不付出的代价。

远古时代，国王的权力不是建立在暴力的基础上，也不是建立在玩弄权术的基础上，而是确确实实建立在为老百姓谋求福祉和利益的基础上。国王的权力与责任结合得非常紧密，虽然没有现代民主国家的问责制，但是公众所加给国王的责任，几乎达到了残酷的程度。那种问责文化的繁荣和严格，远远超过任何现代民主国家。

远古时代，生民最基本的要求是老天爷风调雨顺，以确保五谷丰收、六畜兴旺。能够祈风降雨的巫师在这样的社会不但是知识权威，而且是通天统地的神灵和为民造福的道德英雄，他们因为承担着而且忠实地履行着救民于水火、解民于倒悬的职责而理所当然地成为王者。

由巫师、祭司成为国王和由巫师、祭司兼任国王的现象，在远古时代是遍及地球每一个角落的事实。直到19世纪和20世纪，西方探险家和人类学家还从澳洲、美洲、非洲原住民民族中发现了大量的事例，证明了上述观点是普遍适用的。也就是说，在每个民族都必然地经历过的巫术时代，国王的责任与他的权力和权威是完全一致的。

如果某个国王无法履行他的责任怎么办呢？

在远古时代，不能履行责任的国王还没有能力像后来的政治家那样拒绝臣民对他的质问、惩罚和罢免。他们如果求雨失败就常常会遭到流放或者杀戮。在尼罗河上游的一个部族中，每逢庄稼干枯而酋长祈雨失败，臣民便在夜间对酋长发起进攻，抢走他的财产，把他赶走甚至杀死。

这一地区的另一些部落没有政治意义上的国王，而只有呼风唤雨的雨王。如果雨王不能为民众作法施雨，民众就撕开他的肚皮，企图从那里寻找风雨的信息。

在古代西徐亚王国，人们一旦缺少食物就将他们的国王监禁起来，追究他的责任。在西非一些地区，臣民常常将祈雨失败的国王捆绑起来，以暴力将他带到祖坟前，让他继续求雨。

有的部族在灾荒之年不断鞭打国王，直到天气变好为止。有的国王因为年老体衰不能胜任祈福求雨的责任而被处死。

非洲阿比西尼亚边界的部族，也是由被称为阿尔发的通神人物统掌大权。如果他不能及时降雨，无法忍受干旱折磨的民众就用石块将阿尔发砸死，而且必须由阿尔发的亲属抢起石头首先动手。

在古代朝鲜，雨水太多或者太少导致作物欠收时，国王就会受到责怪，有时候可能只是被废黜，有时候则是遭到杀戮。在南太平洋的纽埃岛上，人们一到缺粮时就降罪于国王并杀死他。他们就这样杀死了一代又一代国王，直到最后再也没有人愿意当国王。

在西班牙征服墨西哥的过程中，他们将阿兹特克人（印第安人的一个族系）的军事首领蒙特祖马关押起来，企图通过他来驯服这个民族。阿兹特克人马上罢免了蒙特祖马的职务，而选举蒙特祖马的弟弟奎特拉华继任此职。

新任首领率领阿兹特克人向西班牙军队发起进攻，蒙特祖马来到屋顶跟国人讲话，一个战士在楼下骂道："闭上你的嘴巴，你这个不中用的下流胚，天生下来只配织布纺纱。这些狗徒把你当俘虏，你真是个懦夫！"愤怒的战士们向昔日的领袖放箭投石，蒙特祖马受伤亡命。

当他不能按照民众的意愿履行他的职责的时候，民众就及时废黜了他,而且毫不留情地将他处死。①

在《旧约·出埃及记》中,每当遇到困难,民众就严厉谴责他们的领袖摩西没有尽到责任,甚至急于惩罚他。在率众逃亡的道路上,民族领袖摩西曾经无数次经历了这样的险境。

在古代中国,为生民祭天祈雨是巫师的主要职责之一,如果他久经努力而不见效果,他必须亲自升天与上苍交涉,也就是他将自己作为祈雨仪式的祭品,焚烧祭天。从远古到夏商周三代,直到春秋时代,都是朝廷或者部落中职位最高的巫师(相当于王者)自焚求雨,春秋以后才慢慢改为焚烧地位较低的巫师或者残疾人。

本书其他章节谈到的商汤祈雨故事,楚文王收到大夫鬻拳、太保申责罚的故事,都是给人以深刻启示的古代政治文化现象。

一百年前,弗雷泽深有感触地说:"那种认为古代国王都是专制统治,人民只是听命于君主的看法,对于我们这里所考察的君主国家是完全不适用的。相反,这些君主都必须听命于自己的臣民,只有在他履行自己的职责、指挥自然的进程、为臣民谋福利的情况下,他的生命才是有价值的⋯⋯今天还被当作神一样崇拜,明天便被作为罪犯而处死⋯⋯整套的禁

---

① 参见[美]摩尔根著,杨东莼等译:《古代社会》,第174页。笔者注,此译本中将"蒙特祖马"写作"蒙蒂祖玛"。

忌戒律，意图并不在于增添国王的尊严，更非加多其享乐，而是约束其行为，不让他扰乱自然的和谐而招致他本人以及他的臣民和整个宇内遭受共同的灾难。"

那时弗雷泽的祖国英国是世界上的头号帝国，全世界的财富正源源不断地集中到英伦三岛，所有的国民都可以共享此等福利。可是弗雷泽的语气中还是隐约显露出一丝怀古之幽情。

总之，国王这个称号体现了一种职责，那些领受了这个称号的人，为了执行好这个职责，必须付出一切应该付出的代价，包括奉献自己的生命。古人对于政治的深刻理解，以及他们制度设计的杰出智慧，足令现代人汗颜。

楚文王为什么不能回王宫

当代学者张正明在《楚史》中讲了楚文王两个故事。

第一个故事是楚文王与太保（官名）申的故事。太保是殷周设置的辅佐大臣，他与太师、太傅一起合称三公，是宰相制度诞生之前的最高官阶。楚文王有一次沉湎于打猎，三个月才返王宫。另一次由于迷醉于美女丹之姬，一年不上朝。

太保申拍案而起，要用荆条笞打之刑予以惩罚。楚文王说我愿意改正就行了，刑罚就免了吧。太保申说，臣受命于先王，如果不责罚王上，就有违先王之命。我宁愿开罪于王上，不愿意开罪于先王。楚文王只好趴在地上受刑。太保申将50根荆条扎成一捆，在楚文王背上轻轻打了两下。

哪知这个楚文王死要面子，受罚之后还说没什么疼痛。太保申抗议道：君子受刑本身就是耻辱，你还敢说痛不痛的问题，哪能这样不知廉耻呀！他说要投水以死相谏。楚文王肯定难以承担逼死太保申的责任，赶紧认错，并马上杀死狩猎的猎犬，放逐美女丹之姬，保证此后忠于职守，一心治国。此后楚文王果然成为一位贤明敬业的君王。

第二个故事发生在大夫鬻拳与楚文王之间。有一次楚文王拒绝接受大臣的意见，鬻拳忍无可忍，竟拿出兵器威逼文王，可见即使贵如大王也不可乾纲独断。事后鬻拳自断一足以谢罪。楚文王并没有因为受委屈而报复鬻拳，而是安排鬻拳担任守卫宫门的要职。

他们之间更有趣的故事还在后边。公元前676年，楚文王率兵抵抗西方巴国的侵略，虽说把敌人赶跑了，可是代价太大，国人认为楚文王失败了。楚文王率领部队回到都城的时候，负责守城门的大夫鬻拳竟然因为楚文王没有取胜而拒不开门。

最有趣的是，楚文王的权力竟然不足以命令守门官打开城门让他回宫。他只好振作精神，带兵到东北方向去攻打黄国。将黄国军队打败之后，他才敢于撤兵回国。可是此时楚文王由于劳累过度，还没有回到国都，就在路上暴死。

从这两个故事可以看出，王公贵族对君王具有十分严厉的要求，君王如果不能符合这些要求，就要受到制度的制裁，包括接受刑罚。

太保申敢于给楚文王实施刑罚，鬻拳敢于武力威胁君王甚至敢于拒绝君王入宫，绝不是仅仅出于个人的勇气，而是借助制度的力量。太保申强调先王之命，实际上就是强调祖传制度的严肃性。这种处罚和威逼不称职的君王的制度，可能就是更早时代处死不称职的君王（或酋长）的制度的演变形式。

这些故事最好地阐释了"职责"一词的含义，带给我们许许多多的启示。

第一，远古时代的国王是当时人类文化（比如巫术文化）最高水平的代表人物，这种现象在中国一直持续到了周代，周文王是巫术文化集大成者，八卦文化的代表人物。国王由没有文化的人担任在中国是从汉代的刘邦开始的。

第二，古代国王权力存在的基础就是为臣民尤其是为权贵集团履行祈风降雨、增收五谷、征战保安的责任，没有能力履行责任的国王必须受到惩罚甚至杀戮。

《楚史》作者张正明讨论楚文王劳累猝死时说，此一时代的国王"仍然是以公族为核心的国人的工具。他们毕竟是刚戴上王冠的大酋，对自己的天职有清醒而坚确的认识，虽死不辞。"[1]

这种风气乃是"原始社会末期的军事民主主义"制度的遗风。国王是否合格地履行了责任，评判的权利不是掌握在国王本人手里而是掌握在臣民手里，就像西方社会自从19世纪以来评判社会和政治的权利掌握在舆论手里一样。

第三，古代社会责任与权利的统一，远远超过了"以今

---

[1] 张正明：《楚史》，湖北教育出版社，1995年，第90页。

人之心度古人之腹"的现代人的想象。统治者只享受赋税和赞颂、不承担责任和祸患的局面，即使在中国也不是"古已有之"的。许多罪恶制度、罪恶心理、罪恶态度都是肇始于中古时代或者更近。

商汤祈雨为何必须自焚

远古时代，为生民祭天祈雨是巫师的主要职责之一。如果他久经努力而不见效果，他必须亲自升天与上苍交涉，也就是他将自己作为祈雨仪式的祭品，燔烧祭天。在夏商周三代及其以前，直到春秋时代，都是由朝廷或者部落中职位最高的巫师（或者国王）自焚升天，春秋以后才慢慢改为燔烧地位较低的巫师或者残疾人。

商汤执政之初，中原地区连续5年大旱，人们理解为这是商汤征战夏族、杀伐天下、作孽造恶太多，得罪上帝，祸及民人。在长久祈雨不见效果的情况下，商汤不得不决定由他本人出面与上帝（商人称最高神为上帝）谈判。民人给商汤堆好了焚祭的柴薪。商汤理好头发，剪掉指甲，隆重沐浴，虔敬祷告曰："我一个人有罪，不要连累万民。如果万民有罪，也是由我造成的，应该由我一个人承担。"他准备举火自焚，以祭上帝。这时突然风起云涌，大雨滂沱，万民欢腾，商汤因此得救。

关于这个故事，中国典籍多有记载。《吕氏春秋·顺民篇》云："汤克夏而正天下，天大旱，五年不收。汤乃以身祷于桑林，曰：'余一人有罪，无及万夫；万夫有罪，在余一人。无以一人之不敏，使上帝鬼神伤民之命。'于是翦其发，䩽其手，以身为牺牲，用祈福于上帝。民乃甚悦。雨乃大至。"[1]《墨子·兼爱下》云："汤曰：……'今天大旱，即当朕身履，未知得罪于上下，有善不敢蔽，有罪不敢赦，简在帝心。万方有罪，即当朕身。朕身有罪，无及万方。'即此言汤贵为天子，富有天下，然且不惮以身为牺牲，以祠说于上帝鬼神，即此汤兼也。"[2]

在这一仪式中，商汤既是政治领袖（国王），又是宗教领袖和文化人（祭司），还是牺牲（祸患和责任的承担者、奉送给神的祭品）。这种三位一体的身份使得他无论在制度上还是在心态上，都得真正以天下为己任。

商汤的行为肯定不是他的创举，他不过是践履远古时代流传下来的一种习俗。这种习俗的力量是如此强大，即使他企图摆脱也无能为力。这种伟大的传统形成了一种伟大的约束力，他必须对天下的丰廉、安危和祸福负责——这才是国王和领袖的真正含义。

---

[1]　陈奇猷校释：《吕氏春秋校释》，上海古籍出版社，2002年，第848页。

[2]　吴毓江校注：《墨子校注》，中华书局，1993年，第179页。

古代臣民如何废黜不称职的国王

在上文"我们拥有三百万年的民主经验"中，笔者谈到非洲埃俄王国的民众代表团，用"鹦鹉蛋"废黜不称职国王的传统。国王收到这份鹦鹉蛋礼物，知道民众不愿意让他继续执掌权柄。他恭敬地向代表团致辞，感谢臣民为他的健康舒适着想，然后退回自己的内室，安排后妃将自己勒死。这样的习俗至少延续到了18世纪末期，因为就是这个时期，西方的人类学家考察并记录了这种政治制度。

几颗"鹦鹉蛋"就能妥善解决国王不称职的问题，让我们不能不尊敬初民的政治智慧。埃俄王国的这种情况并不是什么奇风异俗，而是人类原始时代的普遍现象。

远古先民不光是遇上灾害或者国王年老体衰才杀死国王，平时也可以根据国王履行职责的情况决定是继续拥戴他还是及时废黜他。

当臣民觉得有必要及时废黜国王时，他们就按照习俗的程序将这样的意愿通知给国王。

国王得到这样的通知之后，几乎没有任何辩解的余地，他唯一的选择就是及时执行臣民寄予在"鹦鹉蛋"之中的要求：自杀。"鹦鹉蛋"现象构成了源远流长的政治传统。

另一个非洲国家埃塞俄比亚的国王虽然位尊如神，可是，如果祭司们对他的执政感到失望，他们就会派人到国王那里去通知说：你可以自杀了，这是神的旨意。这位国王收到这样的通知后，必须尽快自杀。尼日利亚北部的三个土著王国

部落首领的饰品

中,国王一旦出现衰病现象,就有一个号称"杀象者"的官员前来给他执行死刑:扼住国王的咽喉,将他掐死。

非洲埃格巴人和约鲁巴人的类似做法延续的时间更长。他们直到19世纪末期还保留着这样的习俗。埃格巴的国王如果没有忠实履行好自己的职责,或者他的行为超越了自己权利的范围,引起了人民的不满,他的大臣就会要求他去"睡一会儿",意思就是让他服毒而死。

约鲁巴人的国王生儿子时,人们会泥塑一个婴儿右脚的模型,安放在长老的屋子里。如果国王执政不力,或者不遵守国家的风俗和法律,不尊重臣民的尊严和利益,一个使者就会拿着这个右脚模型一言不发地送给国王。国王知道这是要他退位并自杀,他就立即服毒入睡,进入天国。

尼日尔河流域的朱库人办法比较含蓄,他们如果觉得国王统治已经太久,希望国王下台,就传出话说:"国王病了。"他们一边将这话传给国王,一边选好新一任国王。他们将选举结果通知国王,然后召开一个盛大的宴会。等到国王在宴会上喝得大醉,人们就用长矛将国王刺死,并立即拥戴新的国王上任。

安哥拉的国王死得更加独特。这个国家的一位酋长卡拉曾经向葡萄牙探险家详细介绍了他参与处死国王的经过。

"我们觉得应该把这位国王杀死时,就请他去与我们的敌人作战。这时我们都跟随他和他的家属去打仗。如果他没有战死也没有受伤,我们就一仗接一仗打下去。打了三四天,我们就突然撤退，把国王和他的家属留给敌人。他见自己被抛弃了，就设法立起御座，把家属叫到周围。他命令母亲走上前去，跪在他脚边。他先是砍掉母亲的头，接着杀掉他的儿子、他的许多妻子和其他家属，最后杀掉他最心爱的妻子安娜库罗。接着，国王就穿起豪华的衣服，等待自己的死亡。一个由酋长派来的军官来到国王的宫殿，他先从关节处砍下国王的腿和胳膊，最后砍掉他的头。随后，这位军官也要被斩首。"

在砍杀国王时，所有的重要官员都退场，只留下这位卡拉酋长监督和见证国王的死亡。给自己的国王安排这样残酷的末日，看来是古代许多民族的共同爱好。

公元前333年秋季，波斯皇帝大流士三世率军抵抗马其顿侵略军的伊苏斯战役，就印证了这种古老的习俗。大流士三世出征时，就带着他的家眷。他的军队战败，他只好撇下家眷自管逃命，他的母亲、皇后和两位公主都不幸成了亚历山大的俘虏。这种带着家属出征的风俗，可能就是更加古老的政治制度的遗存，意在逼迫帝王全力以赴为国征战，不给他留下失败的后路。

在苏门答腊北岸的帕西尔王国，大家都不愿意做国王，因为国王需要履行的职责很多，很难满足老百姓的愿望。而老百姓随时可以要求国王退位自杀。臣民只要对国王不满，他们就到街道上游行，高喊着"国王该死！"的口号。国王一听到这样的喊叫，就知道自己死期已到，于是安排王室的人将自己杀死。王位通常由亲手杀死国王的人继承。

曾经有两位欧洲探险家冈恩和贾莫里在南太平洋地区落到了土著手里。他们设法杀死了国王和王后并及时逃跑。那些追赶的土著在后面对他们喊话，要求他们回来代替刚刚被他们杀死的人担任国王。这两位逃跑者以为土著是以此引诱他们回去送死，可是近代以来人类学家的研究告诉我们，谁杀死国王谁就继承王位（杀死老国王在先，新王即位在后），这是远古人类社会普遍通用的游戏规则。

在其他许多部落，原则相同但是顺序有所变化，他们是先选出新国王，然后由新国王亲手将老国王杀死。杀君仪式通常就是新国王即位的仪式。

由以上介绍的古代习俗可以看出，古代国王实际上是在非常严格的监督下履行他的王者职责的。古代的臣民并不像我们今天所想象的那样对于自己的国家和国王无能为力、无可奈何，相反，他们废黜不称职的国王比起现代人来可能更加方便。

至今为止，这种"鹦鹉蛋"的力量在现代国家中依然具有某种形式的遗存。有人将新闻舆论命名为第四种权力，就因为新闻舆论体现了民众对于社会和执政者的评价和态度。这种态度虽然一般不会直接导致政治领袖下台，但是它对执政者的权利和行为形成有力的制约。在某些特殊的现实语境中，舆论也能像"鹦鹉蛋"一样宣告执政者的末日。

当今流行的竞选制度，也能从"鹦鹉蛋"传统中找到某些影子。一个新的竞选者站起来向业已在任的政治领袖挑战，跟原始部落年轻勇士追杀国王然后取而代之具有异曲同工之妙。

在这样的游戏规则之中，权力的主体始终是民众而不是君王，这里根本找不到"弑君"这样的观念。所谓弑君犯上之罪，不过是中古时期皇帝强加给篡位者的罪名。而且，这种罪名应该是一代代国王为了抵制民众对他们的制约和制裁而发明的，是国王们用来捍卫自己的王位和生命的武器。在这个观念中，国家权力的主体已经由民众偷换成了君王。

看来非洲和澳洲的国王们捍卫王权的能力都比较弱，所以直到晚近还不得不在民众的监督下及时自杀，而中国的国王却很早就用自己的力量废除了这样的习俗，改写了智慧而又残酷的"鹦鹉蛋"传统。从中国古代流传下来的故事中，已经看不到国王不得不自杀谢罪的历史痕迹，最早的尧舜传说是禅让而不是弑君自代。

这是不是就能肯定中国历史上不曾存在过"鹦鹉蛋"传统？我看不是。原始部落及时处死年迈领袖、随时更新年轻领袖，应该是世界性的习俗。只是因为中国的原始部落向国家进化得太早，没有为我们留下相关"鹦鹉蛋"传统的痕迹。但是我们通过研究那些古风犹存的原始部落的文化和习俗，可以为其他民族复原自己的遥远历史提供借鉴，这正是人类学在历史研究领域的价值之一。

古代国王为什么总是被臣民处死

　　20世纪初年，非洲白尼罗河流域丁卡族阿加部落的一位祈雨师，感觉到自己年老体衰，来日不多，于是跟他的孩子们说："我已经老了，快要死了。"村里人闻讯之后，马上动手挖一个大墓穴，让体弱的祈雨师躺在墓穴里面，祈雨师的家属、亲戚和朋友围在墓穴边。

　　祈雨师断断续续地向人们说话，回顾本部落的历史，提醒大家历史的经验教训，强调自己以往的统治方法和他对大家的诸般教导，并告诉大家将来应该如何行动。教诲完毕，大家按照他的吩咐给墓穴填土。泥土很快将他的身体覆盖，他在土中憋闷而死。祈雨师的职位由他身强力壮的后代继任。

　　英国人类学家塞利格曼到非洲考察时，一个帮助他进行调查的丁卡族霍-阿达部落的人说，他的父亲和叔父都曾经是祈雨师，不过他们不是被活埋，而是被勒死以后再放进那个准备停当的墓穴之中。霍-阿达部落和阿加部落对待身体衰弱之领袖的区别，仅仅在于一个是活着埋葬，另一个是勒死以后再埋葬。

上述习俗至少持续到了塞利格曼前来考察的20世纪初期。

祈雨师是丁卡族的实际统治者。各部落历史上的祈雨师没有一个是自然死亡的。丁卡人认为，如果一个祈雨师不幸自然死亡，这个部落就会遭受疾病和饥荒之苦。即使祈雨师十分年轻，只要他生病了并且看来可能病死，民众也会将他迅速处死，决不能拖延到让他自然咽气。

丁卡族活埋年老体衰的祈雨师的制度，是古代社会普遍存在的杀死年老国王的传统的一部分。近代探险运动和殖民运动以来，许多欧洲探险家在亚洲、非洲、美洲的原始部落发现了大量刺杀国王的遗风。他们的探险记录大大增强了人类学家作出学术结论的决心和信心。

臣民们处死国王的主要原因是国王老迈，精力衰竭。看起来这太不近人情，甚至过于残忍。但是为了社稷之昌盛，人民之福祉，原始人需要一位身体强壮、神气饱满、能量充沛的领袖帮他们参透天机、化育万物，而不能容忍一个气息奄奄的、半死半活的头人给他们带来祸害。

于是他们理直气壮地创立了及时处死衰弱领袖的制度，并意志坚强地维护着这种制度的稳定性和延续性。

在非洲法佐尔的某些部落里，酋长每天必须到一棵特定的树下处理政务。如果因为害病或者任何其他原因一连三天不能来树下履行职责，臣民们就有理由认为国王已经没有能力为公共事务操劳，他们不得不将国王吊死在这棵树上。在白尼罗河流域，国王刚刚露出年老衰弱的迹象，臣民们就迅速将他处死，以便让更加年轻强壮的继承者及时履行职责。这个风俗直到19世纪仍然盛行。

在非洲中部的一些部落，国王患了重病或者开始衰老的时候必须自杀。自杀的方式是饮一杯毒药。刚果的国王快要死去时，巫师们就将绳子套在他脖子上，逐渐拉紧。金吉罗国王如果在战争中受伤，他的部将就会将他处死。祖鲁人的国王只要被臣民发现出现了皱纹和银发，就会马上被处死。

有一位欧洲人19世纪早期在祖鲁暴君卡喀朝廷住过一阵，他这样描述过卡喀对于一种发油的特殊兴趣："国王对我生气的那股特别的凶劲儿，主要是由荒谬的抹头发的药引起的，法威尔先生给他一个印象，说这种发油是消除一切年老标记的特效药。他一听说有这种药，马上表示非常想得到它，每遇机会都不会忘记提醒我们他对这药的关切。尤其是在我们因为传教事务必须离开宫廷的时候，他特别关照的也是要得到这个东西。我们后来知道，祖鲁人的一些野蛮风俗中，有一个这样的风俗：他们选择或者选举国王的时候，被选人决不能有皱纹或者灰发，因为两者都是不够做一个战斗民族的国王的明显标志。同样不可少的是，他们的国王不可露出那些证明他们不适合或无能统治国家的证据；所以，极为重要的

非洲刚果的一位酋长（其眼睛被同胞挖出）

是，他们应该尽可能地隐藏这些标志。卡喀非常害怕出现皱纹和灰发，这是他要退出这个尘世的信号。只要信号一出现，国王的死亡就随之而来。"

可见，直到晚近，一个非洲暴君依然无法抵抗这种残酷习俗的制约，以至于如此积极地从一种药物中寻求力量，企求以此增加他与习俗抗争的筹码。

一位葡萄牙学者在谈论非洲时说："国王遭到任何灾害，或自然的生理缺陷，诸如不能生育，得了传染病，掉了门牙，体形变了样，或任何其他缺陷与不幸，照当地从前的风俗，国王就得服毒自杀。"因为国王不凡人，他是神，他必须完美无缺，身心健全。如果有残缺，势必会影响国运民瘼。

在古代普鲁士，国王感到自己衰老了，就堆起庞大的草垛，举行盛大的仪式告别人民，宣称自己要到神那里去为民众说话，劝谕民众好好服侍诸神，然后自己点火将自己烧死。

在古代爱尔兰，伟大的国王阿特由于偶然事故瞎了一只眼睛，马上就按照习俗辞去王位。

判定国王履行职责之能力的时候，国王的性能力成为一项重要的参数。一位西方学者说，非洲希卢克人严密关注着国王的性欲。国王的妃子特别多，如果国王满足不了妃子们的性要求，妃子们就会报告给祭司，祭司就会向国王宣布：必须将他处死，以便及时终止他无法履行的政治职责。

在讨论杀死国王和国王自杀的文化传统时，英国人类学家弗雷泽引证了世界各地大量的民俗学、人类学、神话学、历史学材料，证明这是人类文明的某一个阶段普遍存在的世界性传统。虽然他没有找到中国古代的有关材料，但是，人们不难相信弗雷泽的结论是普遍有效的。

古人为什么要刺杀年迈体衰的国王呢？为什么不能让国王像他的臣民一样安享天年、寿终正寝呢？弗雷泽解释说，古人把国王看作半神半人的形象，他们将世界的稳定、气候的正常、牲畜的兴旺、五谷的收成、妇女的繁殖力等等一切有关社稷之昌盛、人民之福祉的大事，都寄托在国王身上。国王如果老迈或者生病，牲口也许就无法繁殖，庄稼就会在地里烂掉，妇女也许就生殖力下降，臣民可能会死于疾病和瘟疫。

所以，国王必须是健康强壮的形象。

这些看来有点残酷的古人认为，如果等到统治者自然死亡，整个国家赖以繁荣和强盛的那股气息就会在国王咽气的那一刻消失在茫茫宇宙之中，国家的命运就可能因此衰竭。只有杀死国王或者令国王自杀，让那股关乎国家命运的气息在消失之前就转移到年轻强壮的王位继承者身上，才能保证国家的兴旺和臣民的幸福。

现代人对古人的这种观念当然不以为然，但是我们由这些古代习俗不难领悟出一个简单的道理：文化和习俗的力量十分强大，如果我们企图建立一种稳定的力量用来保护自己的权利和利益，我们就得建立一种相关的文化。当这种文化成为制度、当这种制度成为习俗，这种力量就成为了公众福祉的保护神。

当初先民们建设这样的制度的时候，依据着他们的世界观基础和宇宙观基础。

今天我们如果还要建设相似的制度和文化，也得在世界观、宇宙观上狠做文章。当我们羡慕古人这种制约国王权力、捍卫民众利益的制度设计时，一定不能忘了认真研究古人的世界观和宇宙观。

无人愿意染指的王冠

在非洲塞拉利昂的一个部族，正在举行国王大选。一个特别有权势的酋长对着金灿灿的王冠眨巴着狡黠的眼睛，不过他不是渴望将王冠戴到自己的头上，而是思谋着如何将这王冠送给他的一位仇人，那位仇人是另一个氏族的首领。经过短时间的运作，他的心愿实现了，他的仇人被选举为新的国王。

就在国王举行加冕典礼的前一天晚上，按照他们的历史传统，国王必须任由臣民鞭打。这是一种考验，甚至是新任国王的一道关口，如果不能闯过这一关，不但王位成为泡影，连生命也要丧失在臣民们的鞭子底下。

果然，那位新任国王没有熬住这一关，他在乱鞭之中一命呜呼，那位权势强盛的酋长就这样利用制度的力量，毫不费力地除掉了自己的仇敌。

天下还有这么奇怪而又残酷的制度？有的，而且是专门针对国王的。这种鞭打国王的习俗可能是从古老的巫术传统中演变而来的，因为古代巫术提倡通过鞭打神灵激发他保护民众、化育万物的能量，有时候是鞭打巫师或者国王的生殖器，仪式的动机从这个鞭打部位中非常明显地显露出来。

既然是为了激发神灵（国王、巫师都是神灵的化身）的能量，当然可以包含着试探和考验的动机，如果这个神灵的化身连一顿鞭子都挨不住，还怎么化育万物、造福天下呢？

对于国王的这种要求确实过于苛刻。面对这样的考验，谁都会胆战心惊，以至于没人敢染指国王的宝座。于是出乎现代人意料的事情出现了，这个民族历史上的大多数国王都不是本国人，他们常常逼迫战争中抓来的俘虏或者其他外来人戴上那个沉重的王冠。

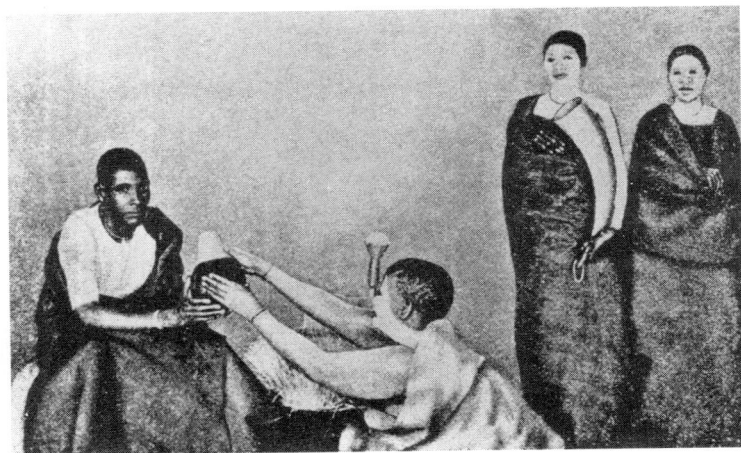

非洲乌干达部落首领有许多生活禁忌，平时只能喝纯牛奶

我们知道,南美洲的印第安人在举行祭祀大典时,总是选定一个俘虏或者奴隶充当神的替身,在高高的祭坛上将他的胸膛切开,掏出他鲜活的心脏献给天上的神灵。

在塞拉利昂人看来,担任国王就像成为人牺一样,是一件极其光荣也极其悲惨的事情,如果不是命运逼到头上,谁也不愿意领受这虽然光荣却如此悲惨可怖的结局。于是他们不得不干出嫁祸于人(外族人)的勾当。

韩非谈论尧舜禹的禅让故事时说过,古代的君王因为享有的特权少,承担的责任却很多,所以他们不留恋王位,愿意禅让给别人。我们用今天的眼光看待世事,怎么也不相信韩非的话。

比韩非略早一些的古代贤人墨子在谈论君王问题时,反反复复强调要选举最贤能的人士担任君王,以便造福社稷。我们也很容易把这一思想理解为学者的美好理想,而很少想到也许选举在远古时代曾经是普遍流行的政治制度。

看了上述塞拉利昂的故事,我们就不会觉得韩非和墨子的话有什么不好理解的。

既然国王需要选举,无非是基于如下两种情况。一种情况是大家都想当国王,却没有一个人有能力凭着强力霸占王位,于是大家选举,选到谁该谁走运。另一种情况是,大家都不愿意当国王,可是又不能没有国王,只好采用选举的方式确定一个大家认为合适的人选,选到谁该谁倒霉。

如果这两种现象都不曾发生，如果现实生活中没有出现过选举的必要和选举的事实，一个学者怎么能够凭空想象出选举这样的文化现象呢。

有一点可以肯定，古代君王的宝座不是靠武力征服所取得的，统领一方的人物都是靠宗教原因而上台的。亚里士多德在《政治学》中说："照宗教惯例，城邦公祭并无专管的教士，他由掌管圣火的人主持。此人或被称为君主，或被称为院长，或被称为长官。"可见，君主与祭司乃是同一的。

正因为古代王位的获得不是仰仗暴力而是仰仗宗教职能，所以这些君王不得不接受各种宗教禁忌的巨大制约，有的部族的国王甚至基本上没有人身自由，完全沦落为社稷和民众的工具与符号。

非洲某个部落的国王，上任以后就不能被别人看见，也不能跟别人说话。只有作为他的代表的"可见之王"和另外3位长老可以跟他说话，3个长老说话时还必须背对着他。国王竟然必须在这样的孤寂之中度过一生，即使能够寿终正寝，也已经悲惨之极。

印度南部托达人的国王必须独身，一辈子不能走进凡人的村庄。多哥的国王一生必须住在阿古山上，小小的山峰是他唯一的活动范围。除此以外，许多古代民族的国王在生病或者年老时惨遭驱逐和杀戮。在这样的现实面前，虽然大多数民族可能还有许多人踊跃为王，可是，在一些民族的一些时期,几乎没有谁愿意承担国王的责任,就不是什么难以理解的事情了。

弗雷泽的《金枝:巫术与宗教之研究》一书,经常涉及这个令现代人感到趣味非凡的话题。在南太平洋的野人岛上,一连二十多位国王因为不能尽忠职守遭到民众的杀戮,以至于再也没有人敢于敢王,最后他们不得不放弃了君主专制政体。这是弗雷泽谈论得最多的一个著名例子。

古代柬埔寨,常常逼迫那些不愿意做王的人就任水王和火王。在水王、火王生病的时候,长老们只要认为他不能康复,就马上将他杀死。就在为他举行葬礼的时候,他的具有继位资格的后代常常躲藏起来,因为他们害怕被选为先王的继承者。而民众总是要从王室成员中寻找王位继承人,于是不得不将那些躲藏起来的王亲逮捕归案,逼他为王。

西非有些地区,国王死后,王室就要开一个秘密会议,悄悄从本家族中选定一位继承人,然后将所选定的人捆绑起来,监禁在神屋内,强迫他接受王位。一直到受监禁的人答应为王,监禁才能解除。

喀麦隆海岸附近的一个岛上,国王居住在火山口的最低处,全身赤裸,只用银币覆盖。他一生只能戴着镣铐在那尧舜一样简陋昏暗的屋子里消磨时光,不能接触大海、沙滩等等美丽的事物,跟欧洲来访者及任何外来的器物也必须绝缘。

站在国王的角度说话,这种制度实在残酷得可以。如果站在民众的角度说话，情形就会两样。民众用他们的财富和虔敬供奉国王，不就是需要国王为他们谋利赐福吗？国王们挥霍着民众的财富，享受着民众的虔敬和礼拜，当然只能恪尽职守、鞠躬尽瘁、死而后已，而不能任由他膨胀权力、欺凌公众、损害公共利益。

我们不得不承认，蒙昧古代人的制度设计和政治操作，都是充满理性的，而且他们非常清楚人的有限性，整个制度设计和政治操作都在极力避免人的有限性所可能带给族类的破坏和伤害。看来，对古人作出"蒙昧"的判断恰恰证明了现代人的"蒙昧"。

第四辑

君权民授与选举传统

当权力与责任出现分离时，
任何人都是毫不犹豫地抓住权力而放弃责任。
而一个只要权力不要责任的国王，
就是独裁者。
人们把独裁者的时代命名为文明时代，
真是绝妙的讽刺。

古代国王是终身制还是任期制

　　著名作家聂绀弩在短文《我若为王》里说："我若为王，我的姓名就会改作万岁，我的每一句话都成为圣旨。我的意欲，我的贪心，乃至每一个幻想，都可竭尽全体臣民的力量去实现。我将没有任何过失，因为没有人敢说它是过失；我将没有任何罪行，因为没有人敢说它是罪行。"①

　　这篇文章所描述的国王的权限，完全是中国式的理解。这种理解虽然确实来自历史事实，可这只是人类历史某一阶段的事实，而不是全部。我们姑且不说现代社会已经有许多地区再也没有这样的君王，在远古时期，人类的君王和人类的政治制度尤其不是这个样子。为了确保社稷的昌盛和人民的安康，将年老体衰的君王及时废黜，这是各民族通行的习俗。

　　尤其令现代人感到不可思议的是，远古时代许多部族制定了国王任期制。这里所谓"远古时代"并不是时间概念，而是文

① 宫玺选编：《中国现代百家千字文》，上海文艺出版社，1990年，第158页。

化概念,也许称之为氏族时代更为合适些。对于非洲和南太平洋地区的许多部族来说,这样的历史一直持续到了200年前。

制定国王任期制,与废黜年老体衰的国王出于完全一致的动机,也就是保证国王年轻强壮、精力充沛。弗雷泽在《金枝:巫术与宗教之研究》中指出,国王"超过期限就不能统治,期限终结时,他必须死去。期限订得很短,可保国王在期限内不可能身体衰老"①。

古代瑞典的国王任期为9年,古代巴比伦的国王在理论上任期只有一年。夏威夷岛上的土著民族,至今每年都要举行一次向国王进攻的游戏,这很可能是古代国王任期一年期满时予以处死的风俗的残留。古代刚果王国的国王统治期限只有一天,戴上王冠的酋长总是在当天晚上就必须被杀死。这个国家的王位因此不得不老是空着。

印度半岛西部的卡利卡特王国,国王的任期是12年。国王执行了12年权力之后,就举行一个盛大的仪式,宴请所有的贵族。宴会结束之后,他辞别客人,走上一个架子,当众从容地割断自己的喉管。贵族们隆重火化已故国王的遗体,然后选出一位新的国王。当然,这位新的国王在12年后必须履行同样的仪式、接受同样的结局。

到了17世纪,这个风俗有了一定的改变。任期已满的国

---

① [英]弗雷泽著,徐育新等译:《金枝:巫术与宗教之研究》,第257页。

王不是自杀,而是在举行完宴会和一切仪式之后,由4个争夺王位的勇士持剑向戒备森严的国王发起进攻。他们必须从3万名禁卫军中杀出一条血路。谁进入国王的帐篷并将他杀死,谁就是新任国王。到1695年举行这个仪式时,已经凑不齐为这种残酷的风俗所需要的4名勇士,只有3名对王冠有兴趣的人愿意以命相搏。

印度南部的许多地区,国王的任期也是12年。他们国家每12年举行一次大会,无数的人赶到神殿来参加这个隆重的节日。聚会的理由是给神像祈祷,实际上就是以国王祭祀偶像。

神殿前准备了一个木架子,装饰得非常华丽。在盛大的仪式和乐声中,任期刚满的国王走到一个木桶里沐浴,然后到神像前祈祷,再登上木架。他当着所有人的面,拿出几把非常快的刀,开始割掉自己的鼻子、耳朵、嘴巴和四肢,尽可能从自己身上多割些肉下来,并很快扔开。直到他流血过多,开始昏迷的时候,他自己割断喉咙。他就是这样用自己祭祀神像的。

所有的人都在架子下面观看这个残酷而又悲壮的自戕场面,但是有一个特殊的人一直站在架子上尊敬地目睹国王自杀的全过程和每一个细节,这个人就是12年后必须也这样将自己献祭给神灵的人。因为,他已经答应在国王死后由他继任为王。

《古代社会》的作者摩尔根说,公元前8世纪,古希腊的执

政官任期为10年（弗雷泽则说古希腊除斯巴达之外其他各个
国家的君王在位年限都是8年）。摩尔根还强调，这个"最高
职位是由人民授职的，在这方面，已经明确地完全建立了选举
原则"①。

到公元前7世纪，希腊执政官的任期缩短为一年，因为
公民每年选举一次，每次选出9位执政官共掌权柄，以免权力
集中到一人手中。公民还规定9位执政官只负政务和司法之
责，不可僭越，也就是不可过问宗教祭祀和军事事务。

古希腊各城邦共和国的公民一直在探索限制领袖权力、
发展民主政治的制度保障，他们经常对国家制度进行富有成
效的改革。经过克莱斯瑟尼斯的改革，古希腊由元老院、国民
大会和行政长官共同领导国家，绵延至今的三权分立结构此
时已经基本成熟。行政长官依然有9位之多，国家实际上没
有最高领袖。最近似于最高执政官的是元老院的主席，主席
的人选由抽签决定，每个人的任期只能是一天，一年之内不得
再任。

国王的任期制并不是所谓文明时代的创造，而是后人从
所谓野蛮时代继承而来的优良传统。野蛮人自然而然创造的
政治文明，成了所谓文明人至今难以达到的崇高目标。以前
的野蛮人真的"野蛮"吗？现在的文明人真的"文明"吗？

①［美］摩尔根著，杨东莼等译：《古代社会》，第211页。

至于与任期制相反对的国王终身制，只是中世纪也就是中古时代才出现的罪恶制度。对权力的贪婪使得一代代君王失去理智，他们父子相残、兄弟互争，集团与集团干戈相向、阶级与阶级血肉相搏，为了那个冷酷的金銮殿，为了那根血腥的权杖，人们变得空前的野蛮与残忍。

古代国王如何捍卫生命和王位

在初民心中，国王都是半神半人的形象，他理所当然地肩负着主宰天地气候、协调天人关系、保证作物丰收、牲畜丰产、万民温饱平安的使命。习俗赋予了国王巨大的荣耀和巨大的权力，同时也赋予了他同样巨大的责任。臣民对于君王的监督一部分体现在对他的健康状况的鉴定上。一旦臣民将君王的身体鉴定为不甚健康，国王就必须离职下台。

而初民社会国王下台的普遍方式就是结束国王的生命。如果初民的国家遇到诸如战争失败、瘟疫、旱灾、蝗虫等巨大灾难，国王也必须用他的生命承担这一切灾害的恶劣后果。

初民找不到和缓的办法促使国王在必要的时候"引咎辞职"，只好让国王在关键时刻"引咎辞命"。用我们今天的眼光来看，这种承担责任的方式未免太野蛮。随着文明的发展，国王和他的臣民必将越来越多地感受到其中的残酷因素而寻求改变之道。

首先起来反抗这种野蛮习俗、设法摆脱其制裁的，肯定是国王本人。登峰造极的权力为什么不可以帮助他从处死他的刀尖上跳跃过去呢?

习俗实际上是宗教程序的遗存,改变起来谈何容易,可是偷偷更改其中的某些环节和内容却未必不可尝试。比如那些任期已满面临处死仪式的国王,要想废除那个仪式万万不可,但是更换一个在仪式中承担某种职能的人选却未尝不可,这样不就可以请别人代他受死吗?

也就是说,处死国王的仪式如期举行,仪式的内容可以作一些技术性的修改,那祭台上献出生命的不再是国王,而是另一个代替国王承担责任并承受牺牲的人。国王只要能够成功地完成一次这样的修改,他也就修改了整个历史。日后的历代国王,永远不要面对期满必死的恐惧了。

国王为了保全性命和王位,必须付出一定的代价。在绝大多数民族中,国王所付出的代价就是暂时将国王的部分权力或者所有权力交付给即将代他赴死的人。在这些日子,社会的尊卑秩序往往暂时被打破,奴隶暂时摆脱奴隶身份,可以尽情享受主人的权威感和尊严感,而往日的主人则在恪尽职守地伺候着今天的临时主人。那个被选定的替死者更是龙衣华衮,侍从满殿,鼓乐环绕,后妃偎依,俨然一国之尊。

真正的国王却要么被监禁,要么沦为平民。他要等到替死的临时国王完成了那个令人恐惧的仪式之后,才重新回到权力的宝座上。许多民族的国王直到18、19世纪,还有暂时离职、放弃履行政治权利的习俗。弗雷泽推测，这是古代国王安排替死者赴死留下的痕迹。

弗雷泽推测，最初代替国王赴死的人，应当是王族人。哪怕是临时国王，其尊荣也不可让给外人，而必须由王室拥有。柬埔寨的国王每年都要离职3天，代他执政的临时国王就是王亲担任，而且是世袭的。临时执政者可以看作古代替死者的延伸。

可是后来，人们不忍心让完全无辜的人赴死，于是改为选派业已判处死刑的犯人充当临时国王。古代巴比伦留下记载的国王都是终身制的，可是他们留下的一种风俗却让人窥见了远古的制度。巴比伦国王每年都要到神庙举行仪式，更新他的精力和权力，使得他的资格和王位重新合法化。而另一个节日则让国王每年一次从期满处死的命运中逃离出来。

弗雷泽记述道："巴比伦逐年庆贺一个叫作撒卡亚的节日，为期5天。一个判了死刑的罪犯穿起皇袍，坐上王位，可以发布任何他喜欢发布的命令，吃喝玩乐，与王妃同居。但5天一满就剥去他的皇袍，挨鞭子，被吊死或刺死。

"能不能将此种风俗理解为公众在欢乐的节日拿不幸的犯人开心？不过假王可以享用王妃这一点肯定是不适于这种解释的。东方独裁者的后宫是严格的禁地，除非有极重大的原因，独裁者决不会让人侵入后宫，更不要说让一个死囚占有了。

"唯一的解释恐怕就是死刑犯人将要替国王而死，为了完全代替,他需要在他短暂的统治中享有充分的王权。"①

　　在讨论罗马的农神节习俗时,弗雷泽写道:节日中最引人注意的特点,莫过于允许奴隶放任自由。自由民阶级和奴隶阶级之间的区分暂时废除了。奴隶可以骂他的主人,可以像他的上司一样醉酒,可以和他们同坐一起吃饭。

　　不仅如此,主人实际和他们的奴隶互换位置,主人在吃饭时侍候他们;要等到奴隶吃好喝足之后,才清理饭桌给主人摆饭。等级的倒置达到这种程度,每家暂时成了一个小共和国,国家的最高职务由奴隶掌管,他们发号施令,制定法律好像他们确实具有政权、军权、司法权的一切尊严……中阉的人暂时拥有国王的称号,对他的临时臣民发出的号令具有玩笑取闹的性质。

　　他可能命令某人伴酒、某人唱歌、某人跳舞、某人责备自己、某人把一个吹笛姑娘背着绕屋走一圈。

　　这种具有戏谑色彩的民俗现象,显然有点不可思议。在另一个民俗现象中,可以读出他们共同的历史含义。一旦我们发现这是一种宗教仪式的遗存,就一点也不觉得戏谑,而能理解其严肃性。

　　弗雷泽说,古代驻扎在下莫西亚的罗马士兵,是这样庆祝农神节的:"节日前三十天,他们用抽签的办法,在他们当中选

─────────────

① ［英］弗雷泽著,徐育新等译:《金枝:巫术与宗教之研究》,第415页。

一个漂亮年轻的小伙子,于是他学萨图恩的样穿上皇服,由一群士兵陪他上街游逛,他有充分的自由,放纵情欲,领略各种乐趣,不论其多么卑鄙可耻。他享受王权统治虽然很快乐,但是为时不长,下场悲惨;因为三十天的时间已到期,农神节来到,他就得在他所扮演的神之祭坛上刎颈自杀。"①

这个与国王身份有关的自杀仪式,解释为代国王受死是最为合理的。假王替死之前所享有的权力越是充分,他替真王受罪替死的效果就会越好。与此相关,真王更新生命、重新开始的效果也就越好。所以,真王不得不允许临时国王在临死之前像一个真正的国王一样履行全部王权。

在古人的观念中,国王无论是就任国王还是在祭坛上献身,都是神的旨意。神灵有千万只眼睛监察着人间万事,国王企图让别人代替他去受死,显然是对神灵的欺骗。为了让这个欺骗不被神灵发觉,必须做得天衣无缝,就像真是国王本人光荣殉身一样。

当这个受死的人从金碧辉煌、冠盖如云的宫殿走向祭坛的时候,当这个受死的人刚刚签完国王令而走向祭坛的时候,当这个受死的人刚刚从王妃的温床上穿戴整齐走向祭坛的时候,他怎么看都像是一个真正的国王,只有这样,神灵才会接受这个仪式,才会把仪式之中死去的那个人看作老国王,把仪

---

① [英]弗雷泽著,徐育新等译:《金枝:巫术与宗教之研究》,第524页。

式之后上台的那个人看作新国王。

这样一来,国王捍卫王位和王权、维护自身生命安全的努力,就年复一年地获得了成功。

这种欺骗神灵的思维和行为,在初民群体中非常普遍。在初民看来,神灵并不像基督教教义所说的那样对人类怀有大爱大恩,而是一种苛刻、挑剔、吝啬、易怒的生灵,人类必须十分谨慎小心才能讨得他的欢心,让他不至于动辄降罪于人。有时候实在无法讨得他的欢心,就只有设法欺骗之。

英国人类学家布朗在《安达曼岛人》一书中说,安达曼岛人认为,毕力库神是世界的主人,世界万物都是神灵所创造的,全为神灵所拥有。人类只是寄居在世界上的客人,不应该跟神灵争夺资源。毕力库神在雨季需要食用楹藤子、鱼尾葵的芯、甘薯,以及某些植物的根茎,人类只有谦让为怀,禁食这些食物,还物于主人。

可是人类为了生存,不得不向这个神所拥有的世界索取食物资源。于是他们总是心存侥幸,指望着毕力库神没有注意到他们的行为,偷偷地掠取和食用那些神灵所喜欢的食物。他们挖掘甘薯(那是属于神的东西)时,将块茎取走,然后将根的脖子连同藤苗一起种回地上,让地表保持原貌,好像他们没有从这里挖走过甘薯似的。人类学家问他们为什么这样做,他们说这么做神就不会注意到甘薯已经被取走。

这个故事既表现了人类在神灵权利的夹缝里谋求生存的

谦卑心态,也表现了人类与神灵周旋、博弈的思路和智慧。

　　国王在任期届满时不愿意按照神灵的意志离职就死,却巧妙地安排一个他者代他受死以求蒙混过关,这就像安达曼岛人偷挖甘薯一样,也是以欺骗的手段与神灵相周旋。替死者履行王权越全面越彻底,被神灵识破的风险就越小,为国王更新王权和生命的效果就越好,所以,那个替死者临死前入主王宫,俨然君临天下,是这个仪式取得成功的关键内容,万万不可含糊。

　　让别人行使短暂的王权之后代自己去受死,这是古代国王保住王位、摆脱死运的方法之一。还有一种方法,就是任期届满时,由那些企图接替王位的人冲进宫廷杀死国王,国王则以抵抗杀戮的方式显示他的力量和精神,以便保全他的王位和生命。那些冲进宫廷的勇士饱受王位的诱惑,个个英勇过人,因为谁杀死了国王谁就可以继承王位。

　　而国王此刻为自己设置的卫兵力量非常强大,一般情况下,某几个勇士想越过数以万计的近卫军将自己的剑锋刺进国王的身体是不可能的。所以,国王以这种方式捍卫王位与王权的努力一般都能成功。

　　有的部族连这种决斗式的更新王权的仪式也不用,而是用对于国王的王位来说更加保险的方式体现国王的责任感。远古社会遇到危难之时,国王不是自己殉命,而是以王室成员或者自己的儿子献祭的制度非常普遍,瑞典国王奥恩就先后献祭了9个儿子,每个被献祭的儿子都承担了代父王受死的功能，从而使父王长期占据王位。

　　闪米特人也有献祭儿子的传统，《旧约·创世纪》中，亚伯拉罕曾经打算将儿子以撒献祭给上帝。正在亚伯拉罕备好柴薪、筑好祭坛、举刀杀子时，上帝制止了他，让他用一只羊代替以撒作为祭品。这个故事非常具有代表性，体现了人牲与畜牲交替使用时期人类的情感矛盾。随着文明的发展，国家的祭祀活动中，祭品渐渐由人牲完全过渡到畜牲。今天的祭祀活动中，连畜牲也不用了，人们只是烧几张纸、点三炷香了事。

　　国王命运的改变，与人类文明的发展程度息息相关。当畜牲时代来临，即使是一个失职的国王，不但不要因为给国家带来灾难付出自己的生命，连儿子的生命也可以保全了。只要献上几条牛或者几头羊，国王就可以从巨大的灾难中蒙混过关。

　　动辄处死国王的时代过去以后，王位所呈现给世人的就不再有恐惧，而全部是诱惑了。在这样的时代，国王的权力与国王的责任越来越明显地分离。无论是在国王的实践中，还是在臣民的观念中，国王不再承担给万民带来安康幸福的责任，而只履行役使万民、剥夺财富的权力。

　　当权力与责任出现分离时，任何人都是毫不犹豫地抓住权力而放弃责任。而一个只要权力不要责任的国王，就是独裁者。在大多数情况下，他都会成为一个暴君。以暴君形象为代表的独裁专制时代就这样无可阻挡地来临了。人们把这个时代命名为文明时代，真是绝妙的讽刺。

君权民授与选举传统

在今天西班牙境内，曾经存在过一个阿拉贡王国。该国臣民向国王宣誓的词语，值得我们深思。臣民们对国王这样说："我们，这些并不比你卑贱的人，向你这位并不比我们高贵的人宣誓，如果你能尊重我们的自由并遵守法律，我们接受你作为我们的国王和最高统治者，否则，我们就不接受。"

无独有偶，非洲中部的阿散蒂人也有一种类似传统。神职人员的训词，是新国王（大酋长）登基典礼的重要内容："长老们都说我应该授予你王位。可是你要听取我们的劝谏，别拈花惹草、酗酒赌博。作为你的臣民，我们不愿你申斥我们是奴隶；我们不想受你虐待；我们恨你吝啬贪财；我们不要一个不听劝谏的首领；我们不要你把我们当作傻瓜对待；我们不要你恃强凌弱、独断专行；我们不喜欢受责挨打。登上这王位吧，我们赞美它并将它赐予你，长老们已经同意将这王位赐予你。"①

---

① ［美］霍贝尔著，周勇译：《初民的法律：法的动态比较研究》，第251页。

　　君权民授的观念是这段训词的内核。登基者必须宣读一份保证书式的答辞，实际上是一种我若违背大家的要求甘愿下台的承诺。

　　这两段文字有三个共同点值得我们特别注意：一是君与臣的人格平等观；二是君权有限观（即君权的存在是有条件的）；第三，最重要的一点在于，这里明确了君权民授（"赐予"）、主权在民的政治观念。

　　看来卢梭的社会契约学说并不是他的玄想，而是能从人类的历史实践中找到依据和启发的。

　　弗雷泽在《金枝：巫术与宗教之研究》中谈到了古代社会一个极其普遍的现象，就是国王到了一定的时期，比如他的任期届满之时、他的精力衰竭之时、遇到水涝灾害导致严重饥荒之时、战争失败之时等等必须被处死。古代阿拉伯人游记里记载过俄罗斯南部咯萨尔人有组织有步骤地处死不配继续当政的国王的情况。

　　弗雷泽对这一习俗十分重视，为此写过一本专论予以考察研究。他把产生这一习俗的政治背景称为有限君主制政体。阿拉贡王国臣民对国王的宣誓词及其政治理念多半也是在这样的政体下产生的。

　　看来，自古以来，欧洲人心目中的国王与中国人心目中的皇帝就有巨大差异。中国皇帝是覆盖一切的，是无限的，是无条件统治万民的，是万寿无疆的。欧洲国王是有限的，是有条件执掌政权的,掌权时间和权利范围都是有限制的。

中国古代是否也曾经存在过有限君主制政体? 这个问题大概弗雷泽和摩尔根都没有研究过。但中国典籍中的某些片言只语给我们透露过很有价值的信息。从墨子留下的言论和主张看,在远古时代的中国大地上,并不是从一开始就出现了"普天之下,莫非王土"的景象。

墨子反复谈到选举君主问题。他说,为了建立天下秩序,就选择贤良而又有政治才能的人,立之为天子。天子的才能和力量一定有限,又选择贤良而又有政治才能的人担任三公,辅佐天子执掌军政大权。由于天下地域辽阔,光是天子和三公不足以治理,于是又选择贤良而又有政治才能的人担任诸侯。

墨子还说,立国立都,选举天子和诸侯,不是让你骄纵恣肆、胡作非为的,而是要你为老百姓兴利除害谋安求福的。

《礼记·礼运》中孔子对他的社会理想作了一番充满激情的描绘(只是假托孔子发言):"大道之行也,天下为公,选贤与能,讲信修睦。"可是孔子所处的时代"大道既隐,天下为家……大人世及以为礼……",也就是国家权力世袭制已经建立起来了,这最多只能叫做小康社会。孔子所向往的大同社会,一个"公"字一个"选"字很值得注意。

墨子和孔子的这些话,虽然没有明显的契约观念,更没有君民平等的意识,但君王民选的主张一直十分坚决,君权民授的思想也如丝如缕,时隐时现。这究竟是墨子、孔子桃花源式的社会理想，还是曾经存在过的历史事实？若不是历史上确实存在过公选制度，他们的这份眷恋恐怕不会这么深邃。

实际上，就像卢梭的社会契约说不是他的玄想一样，孔子、墨子关于选举的主张，也不过是在陈述一个业已过去的历史事实。在诸多部落组成一个相互关联的社会整体时，他们共同的认同是神灵。有时候可能有某个部落能够在他们的游戏规则中占有绝对优势，可以顺理成章地成为宗教上的主祭，从而也就是占有王位（那时候主祭和君王是同一个人）。有时候则可能需要由若干个势力强大的部落竞争王位。

在这竞争的过程中，选举的必要性就出现了。所谓选举，就是调动社会各方面的思想资源和宗教资源来权衡优劣选择贤能。

用不着我们费心猜测，古希腊古罗马的典籍，留下了他们选举执政官的丰富史料。古希腊最初是采用公民举手表决的方式，这种方式至今还被世界上许多地区广泛使用着。后来他们改为抓阄，他们认为抓阄更能体现神意。罗马帝国的选举机制更加成熟，他们通常由上一任执政官通过观察天象（神意）提出下一任执政官的候选人，最后由公民通过投票从这些候选人中选出新一任执政官。

罗马帝国晚于孔子、墨子时代，似乎缺了些古意。但是可以相信，他们的选举制度是由更加古老时期的相似制度沿袭下来的。

　　美国人类学家摩尔根在《古代社会》一书中,明明白白地判断古希腊氏族成员具有选举和罢免酋长的权利。古希腊的军事长官巴塞勒斯和古罗马的军事长官勒克斯一度大权在握,这个职位似乎隐伏着演变为君王的威胁,与民主制度和民主精神大相抵牾,于是希腊公民和罗马公民及时将这两个职位废除,从而杜绝了产生集权的可能性。此事发生于公元前8世纪。

　　按照摩尔根的说法,人类历史上的民主制度就像氏族的历史一样漫长,它才是人类政治制度的主流。他盛赞古希腊雅典城邦国家是纯粹民主制国家,或者叫军事民主制国家。因为梭伦等人对城邦国家的改造虽然打破了氏族制度的民主结构,但是完整地体现了这个民族自古以来所奉行的民主观念。

　　摩尔根甚至说,现代社会三权分立的民主制国家模式,就是从雅典城邦国家制度发展而来,现代定期改选总统的政治措施,都是氏族制度的天然产物。[①]

　　另一位美国人类学家罗维在《初民社会》中这样介绍南太平洋地区萨摩亚人的酋长诞生方式:“酋长的地位不是机械地传给长子的,酋长也没有指定继承者的权力。酋长只有推荐之权,而被推荐的人须得当地有势力的人的批准,他们对于酋长的意见可以全部采纳的。”[②] 这实际上是一种由当地权贵

---

① 参见［美］摩尔根著,杨东莼等译:《古代社会》,第206页。
② ［美］罗维著,吕叔湘译:《初民社会》,第208页。

履行选举权的选举制度。

即使是氏族的选举，也是比较晚近的事物，在真正单纯的原始状态中，根本不需要选举。20世纪初期，英国人类学家布朗在对亚洲南部的安达曼岛原住民进行考察后指出，每一个小群体之中，都会有一个人因为杰出的品质和劳动技能等因素而成为具有影响力的人，他自然成为一方领袖，得到大家的拥戴和追随。

但是这个首领没有权力惩罚他人或者强迫他人服从。群体之中有人违背大家的习俗，大家也只能鄙视他，而无法逼迫他遵守规范。首领对此也无可奈何，无法采取任何强制性措施。即使对于杀人凶手，首领也和众人一样，无权对他施加任何惩罚，而只能任由被害者宗亲予以复仇。

首领去世之后，几乎不需要真正的选举行为，因为原首领身边必定有一两位众望所归的副手，他们是理所当然的继任者。即使是英国殖民者来到这里之后在原住民中所选拔任命的官员，也没有任何凌驾于众人之上的权力。这时候，首领与众人之间几乎不需要任何契约，也不需要选举，因为他们浑然一体，尚未诞生甲方乙方。

由此可见，远古时代的首领是在部落群体中按照习俗和相处的状况自然而然产生的，这是一个没有阶级、没有国家、没有权力的时代。直到社会状况比较复杂之后，权力才逐渐产生，甲方乙方随之出现，选举也随着产生。

当选举观念产生的时候,社会关系已经颇有点岌岌可危。这时候,契约成为必要,培育契约观念的土壤也随之形成。当众人杀死老迈的国王的时候,当众人给国王制定9年或者12年任期的时候,都有严格的契约观念在背后起着主导作用,否则这些现象就无从产生。

直到18世纪仍然在德国流行着选侯制度,普鲁士国王必须从具有被选举权的诸侯中选举产生。可见契约观念和选举制度在欧洲形成了巨大的政治传统,直到近代不但没有被破坏,反倒在新的政治条件中得到了强化和提升。

古代中国大地上应该也曾经流行过这种选举制度。尧舜他们作为众多部落的公共领袖,很可能就是由众多部落的首领在一起开会选举出来的。当然,选举的方式可以多种多样,举手表决、占卜、打卦、抓阄、观察天象、比武竞技,以及按照年龄排序、按照方位排序、按照氏族或者部落大小排序等等,都可以作为选举手段。

总之,原始社会领袖的诞生是仰仗于和平选举的手段而不是仰仗于暴力的手段。

所有的选举行为,它本身就内在地隐含着契约和契约观念。选举时的愿望和标准,就是附加给当选者的条件和限制。也就是说,君主制政体虽然是古代世界普遍存在的政体,但只要选举现象也曾经普遍存在过,我们就可以相信,最为流行的应该是有限君主制政体,而绝对君主制政体那时候很可能还没有被创造出来,甚至可能是大家不可想象的。

　　像中国皇帝那样无契约意识、无条件统治万民而且万寿无疆的现象,其诞生的时间实际上很晚,最早也只能从秦始皇算起。其存在的范围可能也是很有限的,主要流行于亚洲地区。

帝王后宫嫔妃成群的历史起源

谁都知道中国帝王后宫嫔妃成群,三宫六院的纷争之烈不亚于金銮殿内,许多绝代佳人很可能直熬得人老珠黄也无缘争得帝王的宠幸。后宫堪称人性阴暗面极为集中的地方,一代一代的惨烈故事足以令人发指。

可是,这样庞大的嫔妃群体并不是中国的独特创造,而是具有世界性的普遍现象。当然,也不是帝王个人或者家族随心所欲有意为之,而是具有深远的历史来源。实际上,三宫六院的建制是人类历史上政治制度的一部分,其意义可以从多方面予以理解。

政治意义

马林诺夫斯基在《原始的性爱》中,介绍了西太平洋地区新几内亚岛东岸之特罗布来恩群岛上一个酋长的婚姻状况。这位酋长统治着基利维那地区六十多个村庄。按照古制,每个村庄必须为他提供一位妻子,这样他就拥有六十多位妻子。

如果某个村庄提供的妻子因故死亡,该村必须马上续上另一位姑娘,总之每个村庄必须有一位女性生活在酋长的家里。各村嫁给酋长的那位妻子,实际上是那个村子与酋长之间的一根纽带,嫁娶之间就确定和强调了村庄和酋长二者牢固的政治关系。

按照特罗布来恩群岛的习俗,女性出嫁后居住在丈夫的村庄里,但是她的生活资料几乎全为娘家所提供。娘家每年都得给女婿家里奉送全年所需的一半粮食,维持女儿女婿家的生活。当酋长的60位岳父母都给他家提供生活资料的时候,他就成为当地最富有的人。每家进贡的山芋大约五六吨,酋长每年这一项收入就是300—360吨山芋。

酋长作为统治者,他必须成为最富有的人。部落所有的重大活动,都必须由酋长提供资助,而他无法从酋长职务上得

刚果君王和他成群的后妃

到任何收入——当酋长不过是一种义务劳动,众多妻子娘家送来的粮食,实际上可以理解为各村向酋长缴纳的税收。

巫术意义

古人为了促进农作物的丰收和牲畜的繁殖,经常在田头举行男女交媾的庆典活动,以人类的交配和繁殖来引导农作物的繁殖和增长。国王和酋长作为宗教领袖,在巫术时代是主持巫术仪式的人,在宗教时代是承担跟神灵沟通之责任的人。他的身体状况和繁殖能力关系到本国本部落所有农作物和牲畜的生长发育水平,他的频繁而又强劲的交媾最能引导植物和牲畜的繁殖和增长。

所以,国王和酋长的性能力和性行为,是民众丰收和福祉的保证。基利维那地区给自己的酋长安排这么多妻子,跟这种自古以来形成的巫术观念和传统一定密切相关。

监察意义

政治领袖不但需要超常的交媾能力引导农作物和牲畜的生长发育,还需要强健的身体处理繁重的政务,所以古人对政治领袖的身体强壮具有严格的要求。有的民族一见政治领袖有白头发或者皱纹就将国王处死,寻找年轻力壮的人继位。嫔妃成群正是了解和监察国王身体状况的一种重要制度。在有的民族,如果嫔妃向祭司报告说,国王的性能力已经不行了，祭司马上代表国民将国王处死。

弗雷泽在《金枝：巫术与宗教之研究》"国王体衰被处死"一节中说："非洲希卢克人过去有个惯例，国王一旦表现健康不好或精力衰减，就把他处死。衰老的重要征兆之一就是他不能满足他妻子们的性欲，他的妻子非常多，分住在法修达的许多房屋里。当这种衰弱的征兆表现出来的时候，妻子就向酋长报告。据说酋长必须将此噩耗通知国王，做法是当国王在下午的闷热中睡着的时候，在他脸上和膝盖上蒙一块白布。紧跟着就执行这一处死判决。为此，专建一座小屋：国王被引进小屋旦，躺下来，把头枕在一个成年姑娘的腿上，然后把小屋的门堵死；两人被留下，没有食物、水和火，活活饿死闷死。这是老规矩，但在大约5个世纪以前这个老规矩已经取消了，因为有一个王这样死去时表现的痛苦太大。"①

基利维那每个村庄都给酋长奉送一位妻子，在最早的制度设计中，其初衷应该包含着监察作用，以便每个村子都可以及时知道酋长的身体状况（也就是进行巫术活动和政治活动的能力），并及时作出政治判断和政治选择。摩尔根反复强调，在原始时代，人类只有一种政治模式，那就是民主模式。如此说来，每个村庄给酋长选派一位妻子，实际上是在履行一种民主监督的权利。

---

① ［英］弗雷泽著，徐育新等译：《金枝：巫术与宗教之研究》，第251页。

宗嗣意义

在最早的人类社会，政治领袖是民主选举产生的，随着文明形态的发展，被选举人的范围越来越小，由漫无限制到限于某一个特定氏族之内。母系社会时期，如果在一个女性世系的氏族内选举男性政治领袖，只能从他的兄弟辈或外甥辈中物色人选，因为他的儿子在别的氏族。

中国商代前期王位继承制是兄终弟及，即是母系社会的遗迹。到了父系社会，儿子与父亲是同一个氏族的，王者的儿子渐渐拥有继承王位的优先权。

当民主制度遭到破坏之后，选举王位继承人的范围已经缩小到国王本人的诸多儿子之中。中国具有严格的宗法制度，按照这种制度，长子也就是大宗才有宗教、政治的全面继承权。中国商代后期就基本上实行了父终子及、长子继位的王位继承制度，这是父系社会业已成熟的表现。

在实际操作中，这条制度难以完全贯彻，长子只能说是具有优先权，其他儿子也享有竞争权。为了保证王家后继有人并保持王家血统纯粹，增加从事王家后嗣生产的嫔妃是极为必要的，在这样的观念支配下，嫔妃成群的古代制度就得到了继承和巩固。

特权意义

在一夫一妻制成为人类社会的主流婚姻制度之后，只有帝王还保持一夫多妻制，这种特权正是突出帝王的特殊身份和特殊权利的方式之一，是万不可轻易废除的。在马林诺夫斯基登上特罗布来恩群岛进行文化考察时，这个岛上的婚姻制度主体是一夫一妻制，但是还有酋长、巫师等极少数地位尊崇的人实行一夫多妻制，这就是少数人所保留的特权。

在男权社会，对女性资源的超常占有永远是最有诱惑力的特权之一，帝王当然不会主动放弃这样的特权。

历史学家们认为，人类各个族群经历了大致相同的文化过程，所以，通过考察那些原始部落的情况，可以帮助我们推测那些已经很"现代化"的民族在过去时代的状况和经历。可以这么认为，无论是中国人还是欧洲人，无论是美洲人还是非洲人，都曾经经历过本文所描述的政治制度。

只是对于中国人来说，这些经历过于遥远，已经没有明晰的记忆。我们从"二十四史"上所读到的那些宫廷故事，都只是更加久远的历史时期之政治制度的灰烬或化石。但是，以这些化石为依据，再以那些原始部落的状况相参照，我们还是可以大致补写中华民族"蛮荒时代"的神秘履历。

时过境迁，目前世界上帝王越来越少，中国大地上也早就没有三宫六院的建制。但是，人性是如此幽深，社会是如此复杂，嫔妃成群、三宫六院作为一种隐性的传统，似乎依然潜藏在人类的心灵和社会之中。

帝王出行为什么华盖遮天

古代国王出行时，有两个环节必须注意，第一是必须由侍从撑起宽大的华盖，第二是在上马上轿之前，必须走在专铺的地毯上。这种习俗体现了两个相关的禁忌。华盖的作用显然不在于遮阳挡雨，而是有意在国王的身体与天空之间设立一个障碍物，目的在于不让国王看见太阳。地毯的作用是将国王的身体与地面隔绝，目的在于不让国王的双脚接触地面。

在古人的观念中，国王是神的化身，他的职责是保护天下风调雨顺、人民丰收幸福。国王只有十分小心地看护自己的神性，使之不受到任何伤害和损耗，才能充分履行他的职责。所以，国王的生活充满了各种禁忌，诸如不能跟各种卑微的事物接触等等，他必须像履行职责一样认真地遵守这些禁忌，或者说遵守这些禁忌就是他的职责的一部分，如有违背将会导致恶劣的后果。

各民族早期历史上那些领袖人物的禁忌十分复杂，可以说五花八门。有的国王在上任之后双脚就不能迈出规定的住地，只能一直厮守在一个狭窄的所谓王宫里（或者是一个村庄，或者是一座庙宇，或者是山野中一个火山口）中。有的国王上任后就不能再跟俗民见面，偶尔跟俗民说话也得隔着帘子进行。他只能跟被认为通神性的三两个贴身伙伴相处，跟外界的一切接触都得交托给这三两个伙伴。

　　在所有这些国王的禁忌中，不可跟太阳见面也许是最让人不好理解的一项。古人普遍地具有太阳崇拜的习俗，太阳与国王都是具有神性的，不存在因为一方卑俗而设置禁忌的理由。但是的确有很多民族信奉和维持这种禁忌。日本天皇和扎波特克的大祭司都不许见到太阳，因为他们是神，大地不配负载他们，太阳不配照耀他们。

刚果头人和他的几百位妻妾

南美洲格拉那达部族，对于被选定的即将担任统治职责的人，从幼小的时候起就将他禁闭起来，不让他见到阳光。如果不慎被阳光照耀，他就马上失去王位。索加摩沙的王位继承人在就任之前必须关闭在庙宇的密室里斋戒7年，一直生活在黑暗中，不但不能见到太阳，连光亮也不许接触。如果他们不能遵守这些禁忌，在位者会被革职，未上任者会被剥夺继承权。

这个禁忌究竟有什么动机？难以参透。连细心研究过他那个时代几乎所有人类学资料的弗雷泽也没有提供一个合理的解释或猜测。不管如何，这种禁忌曾经长期流行于人类各个种族群体之中，越过漫长的岁月，依然给帝王的生活和宫廷仪式留下明显的影响。当帝王们出场的时候，宽大得有点夸张的华盖，可以说就是那种囚禁君王的密室的变形和遗存。

由于这些禁忌是专门针对君王而设的，在这些禁忌失去思想观念的背景之后，依然可以起到显示君王身份的仪式作用。所以中国的君王个个贪恋这种"冠盖如云"、"华盖蔽日"的排场，一直奉行此俗直到清末，时至今日，世界上一些王国依然还在严格遵循此俗。

至于此种习俗的解读，暂时还只能说是一团迷雾。

帝王和总统为什么总是走在地毯上

我们很多人都从电视里见过,现代各个国家在接待外国政要时,都得让政要们走在地毯上。无论是华贵典雅的地面,还是破烂寒酸的地面,帝王或者总统都不可直接涉足其上。地毯就像礼炮一样,成了迎宾仪式中必不可少的内容。

在古代帝王的宫廷里,日常生活中的皇帝、国王或者声名显赫的酋长也是如此讲究,他们的双足就不是为泥土所生,只能在地毯上迈步。

为什么他们如此讲究?是怕地面硌脚吗?还是有什么更加深层的原因?也许这关系到什么古老的禁忌?

弗雷泽在《金枝:巫术与宗教之研究》中列举了大量田野调查材料,展现了古代国王不可直接在地面行走的诸般禁忌,并结合原始人的思想特征对此作出了理论概括。

日本的天皇在宫廷必须走在地毯上,每到宫廷之外,必须有人背着他前行。如果他不慎脚踩着地面,便是可耻的降黜,在16世纪,仅此过失就会导致他失去皇位。多苏马的国王如果违背了禁忌,脚沾地了,便被认为是个恶兆,他必须为此举行赎罪仪式。总之,在宫内他必须行走在精致的垫子上,到宫外则必须有人背着他前行。

墨西哥扎波特克人的最高祭司严格遵守这条规矩:他的脚永远不能挨着地面,因为一旦挨着地面,就会玷污他的神性,他就不能继续担任祭司了。墨西哥首领蒙特祖马同样严格地遵守这些禁忌,从来脚不沾地,长期由特选贵族背在身上。如果到了某个地方首领要下来活动,那就必须用华丽的地毯铺路,让他走在地毯上。

乌干达诸王以及他们的母亲和皇后,在禁城之外从来不能用脚走路。他们外出时,就由水牛族的人陪伴,轮换着背他们。国王骑在背者的脖子上,两条腿放在两肩上,双脚插在背者腋下。一个背者累了,就把国王转移到第二个背者的肩上,决不可让国王的脚接触地面。这种方式能让国王一天巡游很多地方。

塔西提岛的国王和皇后,只能在自己世袭的领地之内用脚着地走路,在其他任何地方脚都不能挨地,因为凡是他们踩踏过的土地都会成为神圣的土地,他们不能让这么多的土地变得神圣。因此他们的出巡必须由神人背着前行。①

在山东省嘉祥县武梁祠的汉画像石上,有一幅著名的

---

① 参见[英]弗雷泽著,徐育新等译:《金枝:巫术与宗教之研究》,第532页。

《夏桀把人当坐骑》图，刻的是夏桀头戴冠冕，手持权杖，坐在人背上出游。由于夏桀名声不好，是个暴君，后人对他的诸般行为都朝残暴方面阐释。

实际上这很可能只是中国古代领袖人物的一种习俗，就跟墨西哥的祭司、塔西提的国王不能用脚着地一样，为的是保持王者的尊严和臣民的福祉，因为一国之民的福祉全都维系在王者身上。

许多人将图画中匍匐身体背负夏桀的役夫之身份定位为奴隶，并用以证明夏代奴隶制的普遍存在。实际上背负夏桀的人很可能是贵族，就像背负墨西哥的祭司、塔西提的国王的人们一样，不但地位尊贵，而且带有浓郁的神性。

如果本文对于《夏桀把人当坐骑》图画的解读是正确的，那么据此可以推测，在中国远古时代，领袖人物脚不着地的禁忌，很可能曾经十分普遍，至迟到夏代末期，还保留着这样的习俗。此前更是广泛地流行于各个部落之中。

古代国王的这些禁忌，体现了古人特有的思想观念。其实不只是国王有这样的禁忌，普通人之间也有类似的禁忌，至今在民间社会还有一些遗存。只是国王的那些禁忌，容易受到关注，而民间的遗存却难以吸引研究者的关注。

在朱熹的故乡江西婺源县有一个关于朱熹的传说，朱熹直到7岁还不会走路，家人很焦虑，找神人看相。神人说，这是个大人物，我们这里的薄地承不起他，若在这薄地垫上7层毯子,他就能够走路了。要是另寻宝地安居,必可成就宏大事业。

家人将朱熹放在7层毯子上,他果然马上就能走路了。

朱熹父亲临死的时候,嘱咐朱母带着十余岁的朱熹到福建崇安(今武夷山市)五夫里,投奔挚友刘子羽并在那里定居,日后果然成为一代巨人。此后一生之中朱熹仅两次(绍兴二十年春和淳熙三年)回婺源故里省亲扫墓,此外从不登此薄地。

这个故事的着眼点在于人足的行走与地面的关系,说明在中国古人心中存在着这样的命题。

原始时代的人类充满了对于人与天地关系的哲学思考,一部分思考被精英人物以文字记录表现,成为了中国学术的源头。另一部分内容以民间传说和民俗的方式流传于民间社会,成为底层人的教育资源。关于朱熹的这个传说,可以理解为某种深刻的哲学思想的民俗遗存。

正如弗雷泽所说,平凡的人在某些特别神圣的时刻,也像那些大人物一样必须遵守脚不着地的禁忌。女儿出嫁就是一件含有宗教意义的神圣事情,在我们老家赣北地区就有相关禁忌。

女儿离开娘家同时也就告别了娘家的宗教,临别时她必须到娘家的祠堂跪拜祖先辞别香火。从居所去祠堂的时候她必须由家人抱着,因为她脚不能着地。

从祠堂出来她们不能贴地行走，而必须坐在花轿上或者马背上去婆家。

在20世纪80、90年代，新娘们流行坐在一辆新自行车上由人推着前行，现在大多改为坐汽车了。从祠堂到花轿上、马背上或者车上的这段路，也必须由家人抱着。

新娘出嫁的那一刻在娘家脚不着地，显然不能解释为辞别，而应该解释为神圣时刻的特殊禁忌。因为新娘抵达婆家的时候，也面临相同的禁忌。当她从花轿上、马背上或者汽车上下来时，她也不能以脚着地，必须由新郎抱着她穿过门槛、大堂而进入洞房。2007年正月，在我老家邻居的结婚典礼上，我还拍到了新郎将新娘从汽车上抱入新房的照片。

关于普通人的禁忌，弗雷泽的书中还列举了这样的材

中国新娘的花轿和迎亲队伍

料："如征途中的武士，他们周围可以说是有一层禁忌的气氛
包围着。因此，北美印第安人在整个出征时期，都不能坐在光
地上。在老挝，猎象时有许多忌讳；其中一条是主要猎人不
能用脚挨地。因此，他从象背上下来时，其他人用一个树叶编
的垫子给他垫脚。"①

　　弗雷泽对这种禁忌之含义的解说很可能让今天的读者觉
得不可思议，因为与我们今天的思想观念实在隔得太遥远。

　　弗雷泽说："神性、魔力、禁忌或无论我们叫作什么的那种
充满在已奉为神的或守禁忌的人身上的神秘素质，原始人的
哲学家们都视为一种物质的实体或流体，已奉为神的人身上
充满了这种东西，正如莱顿瓶里充满了电一样；也正如一个
良好导体通过接触可以把瓶里的电放出来一样，人身上的神
性或魔力也可以通过接触土地而放出来，并且彻底放尽，在这
种理论中，土地就是魔力流体的最优良的导体。所以，为了保
持积蓄，不使流失，崇奉为神的或守禁忌的人物必须小心防止
接触地面；他像一个瓶子，装满了宝贵的物质或液体，如果要
防止这种宝贵的物质或液体从他身上走掉，那就得像电学里
所说的，他必须绝缘。"②

　　随着时间的消逝，人类的观念在不断更新，生活方式也在

---

① ［英］弗雷泽著，徐育新等译：《金枝：巫术与宗教研究》，第532页。
② ［英］弗雷泽著，徐育新等译：《金枝：巫术与宗教之研究》，第532—533页。

不断变化。但是，那些曾经严密地主宰着人类思想行为方式的观念所留下的影响，会一直坚韧地在人类社会新的语境下绵延不息。现在的国王虽然没有了脚与地面接触的禁忌，但是在那些体现他的国王身份的特殊仪式中，他却必须像古代国王那样遵守那些禁忌。

当一个国王或者总统到外国访问的时候，那是最需要别人承认他是国王、是总统的时刻，也是接待者最愿意显示对他的认可和尊重的时刻，所以，这个时候，接待方乃恭恭敬敬地将地毯铺垫到飞机的舷梯边上，以便那些尊贵的客人真正体验到王者的体面与尊严。

为什么帝王和总统总是走在地毯上？因为地毯在仪式中承担着极为重要的职责，它在帝王和总统的脚下诚惶诚恐地不断提醒道："陛下，您就是帝王，您就是总统，所以您比大地更尊贵！"

有序的无政府状态与酋长的权力匮乏

灵长类动物强者为王

现代学者认为，人类的社会组织方式经历了游群、氏族（部落）、酋邦、国家这四种形态。在这四种形态中，政治因素从无到有、从原始到现代，经历了漫长的发展。那么，最初的政治领袖是如何产生的呢？从最初的政治领袖到集权国家的政治领袖，再到民主国家的政治领袖究竟有多大的变化和跨越呢？

首先我们用类比的方式来考察一下游群形态的政治状况和领袖状况。许多动物学家详细考察过今天的猿猴社会，对他们的游群生活进行了大量的摄像记录。

从这些记录上看，猴子、猩猩、大猩猩等猿猴游群的首领是通过角力而产生的。他们不需要选举、竞选等社会程序，而是在采集、狩猎过程中，以及争夺女性的过程中，谁显示了超越于众人之上的强力、智慧和亲和力，谁就自然而然成为那个群体的领袖。

　　群体中的"群众"只是"认可"和"接纳"，谁是胜者，他们就认可谁、接纳谁。当然，也有雌性群体不愿意接纳某位统治者而群起攻击之、驱逐之的情况，但是不太常见。

　　当领袖是不是非常具有吸引力？会不会出现激烈的竞争？

　　在猿猴社会，当领袖具有性交的优先权甚至独占权，所以，当领袖是一件极有魅力的事儿。此外，当领袖可以决定采集和游猎的路线，可以部分决定其他人的行为，此种优越感和成就感必定对人类和动物构成巨大的诱惑。所以，在猿猴社会，那些身强力壮的成员无不奋勇争当领袖。他们之间的争夺常常是十分残酷的。

　　美国动物行为学家瓦尔在《人类的猿性》中，对生活在荷兰阿纳姆动物园的黑猩猩群体的权力斗争进行了详细的描写。年轻的黑猩猩鲁特挑战老猩猩叶罗恩，取得了领袖地位，可是叶罗恩联合年轻的尼基共同制服鲁特，共同夺取了领导权。叶罗恩跟尼基共同享用所有的雌猩猩。

　　后来尼基对叶罗恩的性权利进行干预，于是双方的冲突持续几个月。趁此机会，鲁特重新发起进攻，企图恢复领袖权力。但是生死关头，尼基与叶罗恩的联盟再次发生作用。他们分开来都不是鲁特的对手，但是他们联合起来却是鲁特对付不了的。一场恶战就这样开始了。鲁特遍体鳞伤，睾丸被敌人从阴囊之中挤出来，最后不治而亡。

　　鲁特为什么不惜付出生命的代价来争夺领袖地位？瓦尔

原始部落的真正战士

认真观察过叶罗恩在失去权力之后的悲惨情景：他呆呆地坐着,望着远方,脸上一片虚无,数周不吃不喝,整个群体的活动对他没有任何影响,他仅仅剩下一个躯壳,整个灵魂都翩然远去了。①

　由这段描写不难看出,权力对于灵长类动物的精神支持作用有多大。鲁特一定也曾经忍受过这样的痛苦,所以他要

---

① 参见［荷兰］弗朗斯·德·瓦尔著,胡飞飞等译:《人类的猿性》,上海科学技术文献出版社,2007年,第33页。

不顾一切投身于权力角斗。

原始社会缺乏稳定的领袖人物

初期人类社会的权力角斗，究竟在多大程度上类似于上述灵长类动物？人类领袖的产生方式跟黑猩猩领袖的产生方式有什么区别？

据近代人类学家对诸多原始部落的考察，权力对于初期人类的吸引力远不如对于猿猴的吸引力那么大。由此似乎可以说，人类从动物群体中超脱出来的一个标志性的变化是：在每个群体的内部，权力和权威的产生主要不再依赖体力的拼搏，而是主要依赖生产技能或者智慧的超群出众。

如果说，人类的游群时代，其游戏规则还可能跟今天的黑猩猩社会有某种相似之处，那么，到了氏族社会时代，这种相似性就越来越少，人类越来越显示了自己不同于其他灵长类动物的杰出的和平相处能力和高度的政治智慧。也许这是人类自古以来将自己凌驾于一切动物之上的原因之一。

我的这种猜测并不是无中生有，而是具有相当多的人类学依据。

在游猎为生的爱斯基摩人中，一个人从事某项生产活动比别人技艺高超而且富于成效，他就是人群的中心，每个群体中都有这样的中心人物。如果这个人有意识地积累财富，比别人富有，而且及时地、慷慨地将财富用于公益事业，那么大家就心照不宣地认可他为头人。

一旦他意识到自己已经被拥戴为头人，他就必须每天第一个起床，最先走出户外，踏上冰雪之地。他是全部行猎活动的计划者，其他人尊重他的才智，相信他的判断，愿意跟随他，因为大家认为这样做对自己有利。一个头人就这样自然而然地诞生了。

但是这位头人并不享有固定的权威，如果某一天大家不愿意接受他的判断、裁决和各种计划，不愿意跟随他从事生产活动，他就不再是头人。如果他想刻意维持头人的地位，哪怕多维持一天也是不可能的。[①]

在印度洋孟加拉湾的安达曼岛上，生活着一群原始人，被西方人类学家命名为安达曼岛人。他们也没有严格的氏族社会，只是一小群一小群地生活在一起。每一个群体之中，通常都会产生一个具有影响力的人，能够将整个群体团结为一个整体，并能协调群体的行动。必要的时候他可以控制和命令他人。但是他毫无权力强迫他人服从，更没有权力处罚那些不听从命令的人。

在联系紧密的好几个群体之中，往往会产生一个地位高于

---

① 参见［美］霍贝尔著，周勇译：《初民的法律：法的动态比较研究》，第87—89页。

全副武装的非洲部落首领

其他头人的首领,他主要依靠杰出的劳动技艺或者个人品质赢得超乎他人的声望。众多群体每年举行的聚会中,他受到最多的尊敬和拥戴,他于是成为整个部落的首领,也就是大首领。

这个不需要选举、自然而然产生的大首领,其权力仅仅在于组织本部落各个群体的聚会、打猎、捕鱼等等活动。他也像那些小群体的首领一样,没有权力强迫他人服从或者处罚他人。①

人类的初期社会竟然如此温良斯文吗?也许因为近代学者所考察的社会,并不是真正的初期社会?在人类进化为人类的最初时代,那些强力者为了争夺游群的领袖地位,其斗争的残酷性也许不亚于我们从猿猴社会所观察到的情形?无论你如何猜测,这就是我们所能观察到的最初期人类社会的政治状况,以及相关的游戏规则。

氏族首领的权力匮乏

这种游戏规则是什么性质?

英国学者普里查德在研究非洲中部努尔人的著作《努尔人》中提出了一个很有意思的概念——"有序的无政府状态"。政府本来是强调一种特定的秩序,无政府表示反对这种

---

① 参见[英]布朗著,梁粤等译:《安达曼岛人》,广西师范大学出版社,2005年,第33—34页。

特定的秩序。然而，原始社会的人们，恰好是生活在另一种秩序之中。原始社会的酋长则是在这种秩序中承担某种为社会所必需的、然而又没有太多强制性的功能。

"在努尔人中，缺少政府性的机构，没有法律制度，也没有发展成熟的领导制度。从总体上看，他们也没有有组织的政治生活，这一点是显著的。他们生活在一种有序的无政府状态之中，这种状态是与其性格颇相符合的，因为如果在努尔人中生活，根本无法想象会有一些统治者对他们进行统治。"①

这个社会当然也不是人间天堂。用法律眼光来审视他们，他们的不足之处十分明显。

"努尔人没有法律。对于损伤、强奸、失肢等等有习俗性的赔偿，但是却没有一个有权力的权威人士对这些事情进行裁决或执行裁决。在努尔地区，立法的、裁决的以及执行的职能并未授予任何个人或委员会。在不同部落的成员之间并没有赔偿问题；而且，在我的经验中，甚至一个部落内部，尽管对损伤有时要进行赔偿，犯罪行为却并不以我们所谓的法律形式提显出来。一个认为自己正在受到某人伤害的人并不能控告此人，因为即使这个人愿意出庭受审，也没有法庭来传讯他。我同努尔人朝夕相处了一年，从未听到一个案件在任何人或法庭面前摆出来。甚至我还得出一个结论：一个人除非

---

① ［英］埃文思·普里查德著，褚建芳等译：《努尔人》，第207页。

凭借武力或武力威胁,否则他很少得到赔偿。"①

面对这样的局面,也许我们觉得有必要产生一位强有力的政治人物,给社会以公正和正义。但是,在普里查德所命名的这种"有序的无政府状态"中,无法找到这种政治强人。

酋长在这里扮演的角色,是极其模糊和无力的。那些身披豹皮以显示权威的酋长,至多只是一位调解人。他的确经常出面处理纠纷,但是他的决定并不包含裁决的权威,而只是

南太平洋岛上的部落要人

①〔英〕埃文思·普里查德著,褚建芳等译:《努尔人》,第187页。

一种劝谕、一种提议。如果纠纷双方或一方拒绝执行他的建议，他没有任何权力惩罚他们或者强制他们执行。

在很多氏族社会或者前氏族社会，甚至没有公法而只有私法，也就是说没有一个人物或者机构可以代表氏族集体来推行对整个集体都有利的游戏规则、来惩罚对整个集体都有害的犯罪行为。

比如，在现代国家，杀人是危害整个社会的犯罪行为，国家代表公众对这种行为予以制裁。但是爱斯基摩人社会和菲律宾的伊富高人社会，杀人只涉及私法，只有被杀者亲属才有权力复仇（杀死杀人者或者杀人者的亲属），社会或者酋长并没有权力出面制裁杀人者。

也即是说，原始社会阶段，人们的权力还充分掌握在氏族成员自己手里，而没有交付给代替人。人们必须自己维护自己的权利，或者有自己的亲属群帮助自己维护权利，而不会要求酋长代表公共意志来维护自己的权利。

人类学家的研究给我们一种启示，无政府状态并不意味着必定混乱和失范、失控。那些机能比较发达、组织相对严密的社会，社会本身具有一种自组织能力，能够对自身的问题进行协调和控制。这种协调和控制的有效性决不在政府之下。

须知三百万年以来，人类历史上绝大多数时期都是没有政府的，只有最近四千年，地球上的一部分地区逐渐出现强力国家和强力政府，那些部落领袖逐渐发展为政府首脑或者独裁君王。

自从国家和君王出现以后，那些依然处于"有序的无政府状态"之中的族群，一无例外地受到这些国家的屠杀、掠夺和占领。那些温良斯文的酋长无力组织起足够的社会力量与这些侵略者和屠杀者相对抗，久而久之，这些和平的原始社会遭到彻底破坏。

当今时代，地球上已经没有一个"有序的无政府状态"的社会。国家的强力已经将整个地球覆盖了一遍又一遍。国家带给人类的伤害有目共睹。

酋长的选举及其权力限制

在酋长不具有明显的领袖身份的时候，这种人物自生自灭。在很多情况下，根本没有明确的酋长。此时不存在选举问题和继承问题。

随着社会的发展，酋长对氏族群体的重要性越来越大，他的权力也在不断增强。这时候，究竟什么样的人担任酋长，是氏族集体共同关心的问题。为了公平，为了符合大家的意愿，选举行为出现了。选出来的酋长逝世了怎么办？这时候继承问题出现了。

在古代社会，酋长非常普遍地由选举产生。民选的酋长去世以后，通常由部落成员或者氏族成员在特定的范围内选举继承人，而绝不是由死去的酋长在死前指定继承人，更不是有原酋长的儿子理所当然地继位。

在众多氏族共同组成的社会空间，那个地位最高的酋长通常是由其中某个特定氏族的头人担任。为什么由这个特定氏族的头人担任，其原因很可能千差万别。有的地区可能是因为这个氏族是血缘关系中的长子（中国宗法制与此类似），有的地区可能是因为这个氏族最为强悍，在协同作战中功勋最为突出，有的地区可能是因为这个氏族是本地区最早的开拓者和定居者。

霍贝尔《初民的法律：法的动态比较研究》比较详细地介绍了非洲阿散蒂人选举酋长的过程。按照阿散蒂人的宗教观念，酋长就是祖先的化身，他们担任酋长的人必须出自索福阿赛福世系群，这个世系群最早定居在这片土地上，具有老大的地位。

索福阿赛福世系群中所有的成年男子都是潜在的酋长继承人。酋长去世或者当酋长被弹劾时，议事会长老们推选出一个由两人组成的委员会觐见皇太后，请求她提出继承人人选。这位年长的女性召集皇家世系群开会，共同推举一位最合适的继承人，并及时知会议事会。

议事会申明，这项任命并不是最后任命，还得等到部落全体成员举行选举会议之后，才能最后决定。

如果索福阿赛福世系群推举的人选没有获得公众选举的认可，皇太后就必须再次召集皇家成员重新提出新人选。如果一连三次提名都无法获得选民认可,议事会就得按照民众的要求从本会成员中推选一位长老担任酋长,皇太后必须出面证明这位新当选的酋长本系皇家世系,以此从法律上确定新酋长的合法地位。①

从这个选举程序可以看出,一个新的酋长诞生,必须获得原酋长亲属、普通民众、议事会长老(即社会贤达)的共同认可和接纳。这种选举制度,就是原始社会名副其实的民主选举。从原始民主制度脱胎而来的古希腊民主制度,就从某种角度沿袭了这种运作模式。

据人类学家的研究,这种选举制度是原始社会共同的制度,中国远古时代无疑也曾经历过这种制度,《墨子》反复强调应该选举最贤能的人担任国君,《礼记》中也借孔子之口缅怀远古时代选贤任能的美景,都是史前时代这种选举制度在文献中留下的蛛丝马迹。

尽管经过如此复杂的选举,新上任的酋长并不被人认为至高无上。仍以阿散蒂人的大酋长为例。在大酋长登基典礼上,一位神职人员代表选民明确提出对新酋长的职责要求。"长老们都说我应该授予你王位。可是你要听取我们的劝谏,别拈花惹草、酗酒赌博。作为你的臣民,我们不愿你申斥我们

---

① 参见〔美〕霍贝尔著,周勇译:《初民的法律:法的动态比较研究》,第250—251页。

是奴隶；我们不想受你虐待；我们恨你吝啬贪财；我们不要一个不听劝谏的首领；我们不要你把我们当作傻瓜对待；我们不要你恃强凌弱、独断专行；我们不喜欢受责挨打。登上这王位吧，我们赞美它并将它赐予你，长老们已经同意将这王位赐予你。"

阿散蒂人已经意识到，权力对于人的腐蚀作用无穷无尽，所以，当他们不得不将权力托付给一个全体国民都深感信任的人时，依然如此谨慎。中世纪的阿拉贡王国（今西班牙境内）已经进入君主专制时代，可是臣民向国王宣誓时依然是那样不卑不亢："我们这些并不比你卑贱的人，向你这位并不比我们高贵的人宣誓，如果你能尊重我们的自由并遵守法律，我们接受你作为我们的国王和最高统治者，否则，我们就不接受。"由此可见，古代人类对于权力的谨慎可能是很普遍的。

这种谨慎不只是表现在政治仪式上表现出来，而是在制度设计上具有充分的显示。最典型的制度限制当然是古希腊城邦民主制度的精心设计。公元前7世纪，希腊执政官的任期由十年缩短为一年，公民每年选举一次，每次选出9位执政官共掌权柄，以免权力集中到一人手中。9位执政官共同执政一年，实际任期也可说是九分之一年。

不仅如此，城邦公民还规定9位执政官只负政务和司法之责，也就是不可过问宗教祭祀和军事事务，决不可僭越权力。

后来他们的国家实际上没有最高领袖。近似于最高执政官的是元老院的主席，主席的人选由元老院成员抽签决定，每个人的任期只能是一天，一年之内不得再任。这种控制执政者权力的思路和智慧，跟原始社会限制酋长权力的精神一脉相承。

从酋长到君王

从酋长起源的缓慢历程可以看出，人类对于自己的权利十分慎重，并没有轻易托付给他人。在群体较小的时候，他们只是认可一位调解人式的领袖，帮助大家调解纠纷。

当社会规模越来越大，尤其是必须组织社会力量对外作战的时候，他们不得不接纳一位很正式的、很神性的首领，但是此时依然不忘用议事会、用全民选举之类的制度设计，来限制酋长的权力，同时在最庄严的登基大典上，明确申告新上任的酋长必须克勤克俭为公众服务，而不可有任何僭越。

当我们讨论对酋长权力的限制时，不妨再次引述阿散蒂人为例。阿散蒂人的社会已经达到相当的文明程度，其政治组织也相应地发达起来，内部的协调工作和对外的交往、作战也必定相应地变得复杂。在此条件下，酋长的权力才需要得到扩展。然而这个社会控制个人权力的智慧已经跟扩展酋长权力的必要性一起得到了发展，所以他们能够实行权力的平衡。原始人的文明力量和政治智慧，我们决不可以藐视。那些以为古人必定不如今人的看法,的确十分浅薄和虚妄。

在原始社会的最末期,酋长的权力依然边界清楚,远不像后来专制王朝的皇帝那样敢于藐视天下、独断专行。在西班牙殖民者侵入美洲的时候,中美洲的阿兹特克人是整个美洲最发达、最强有力的国家。实际上他们大致处于原始社会向现代国家过渡的酋邦时代。

阿兹特克人虽然好战,征服了周边许多部落,强迫这些部落称臣纳贡,可是酋长蒙特祖马(常常被西方人称为国王)的权力仅仅限于征收贡赋,对于各部落的组织模式和社会政治生活根本无法过问,甚至也没有能力像中国商周时代的君王那样,一有边患只要点起烽火就可以命令诸侯各国挥师勤王。

当西班牙人的炮火威胁他们的生命时,阿兹特克人只能独自跟侵略者作战。那些臣属部落不但不协同作战,还常常帮助西班牙人攻击蒙特祖马的部落。

可见,酋长的权力是跟国家的权力一起发展起来的。而国家的诞生,是在一些民族对其他一些民族的征服、一些阶级对其他一些阶级的奴役的过程中逐步实现的。原始社会的民主制度和其他游戏规则,就是在这个被征服、被奴役的过程中被彻底打破的,就像古希腊城邦制度被马其顿的军事强力打败之后,又在他的政治专制之下土崩瓦解那样。

一个部落的众多成员相约着将权力交给某位酋长时,是为了鼓励酋长带领自己更有效地征服他人。此后，部落成员交出的权力却无法收回，因为酋长在征服其他民族之后，需要继续使用这些权力建立强大的国家机器，以便更加长久、更加有效地奴役包括自己的同胞在内的全体民众。

国家尚未形成时，酋长的权力是很微弱的。社会发展到"文明"时代，国家的强力登峰造极，酋长逐渐演变为君王，立即大权在握，号令四方。人类史上最罪恶的现象之一——暴君现象，就这样出现了。在大约四千年的"文明"时期，地球上许多地区的人民深受暴君的奴役和残害。这时候，人类面对猿猴所具有的优越感，不得不遭遇挑战。

国王的起源和终结

　　国王给我们留下的记忆太深刻了：宰杀犯人的指令来自国王，征战的号令来自国王，公侯的封赏来自国王，卿臣的任命来自国王；史书的纲领是国王，童话的母题是国王；政治舞台上为所欲为的是国王，戏剧舞台上居于灯光中心的是国王。

　　国王竟然如此深刻地影响着人类的生活和思想，究竟什么是国王？

　　如果将国王看作人类群体的首领，那么国王很早就出现了，当人类还像今天的大猩猩一样十来个结成一群在丛林中觅食时，就已经有首领了。动物中的首领几乎是一种自然现象，大象群、猴子群、蚂蚁群、蜜蜂群都有自己的首领。但这些首领自然不是国王。

　　标准的国王应该是帝国体制的产物，也就是国王成为一个政治国家的权力中心，这个国家的宗教、军事、民政、司法、社会诸般事务的决策和调理，都掌握在他的手里，总之整个国家机器围着他打转。我们习惯上将这种国家体制命名为专制政体。

从丛林觅食算起人类已经有三百万年的历史,而典型的王权国家仅仅诞生在大约三千年前。从三百万年前的首领发展为三千年前的国王,从丛林中的率众觅食发展到金銮殿里的大权独揽,人类的领袖经过了什么样的过渡?

一些学者认为,作为政治国家主要政治领袖的国王,是从氏族时代的宗教领袖演变过来的。人类的宗教大约产生于旧石器时代中期,这个时期开始于30万年前,结束于5万年前。仅仅只有原始的宗教意识的萌芽,可能还不足以产生宗教领袖。宗教领袖应该是在正规的祭祀仪式形成时顺势而生的,这个年代不容易确定,但肯定不会很晚。也就是说,人类的领袖在祭祀首领的职位上逗留了很长时间,然后再寻机发展为国王。

中国的夏商周三代,西方的古希腊古罗马时代,都是人类从氏族社会向政治国家过渡、宗教领袖向政治领袖过渡的时代。中国在汉代以前,所有的领袖人物都是集中体现了当时文化水平的人。而那个时代的文化是什么?郭沫若在讨论商周之际社会状况时,认为宗教神话就是当时的文化,可见商王、周王首先是以宗教领袖的身份统帅群伦的。从商王老是占卜、周王老是打卦来看,他们的权威多半是靠跟神的沟通而取得并巩固的。

人类学家弗雷泽在《金枝:巫术与宗教之研究》中讨论

古代社会状况及其领袖人物时,所涉及的个案绝大多数是巫师和祭祀长。地中海地区出现城邦国家时,其领袖职位的宗教性也很强。

亚里士多德在《政治学》中说:"斯巴达王有三种职务:主持祭礼、指挥军队、审判犯人。"摩尔根在《古代社会》中说:"在罗马早期,许多氏族都各有其专供本氏族举行宗教仪式的祀坛","他们选出一个祭司,这是这种胞族组织的最高长官。"①

在罗马出现国家政权以后,国家的重大决策权一直掌握在元老院和国民大会手中,执行权力的人一直是身兼宗教领袖和军事长官两种重任的人。为什么这两种职位要由同一个人担当?"每逢交战的前夕都必须举行占卜"。很明显,统帅必须是一个能够跟神灵直接沟通的人,才能在神灵的帮助下决策大事。

法国学者库朗热总结道:"在罗马与在斯巴达或在雅典一样,国家完全服从于宗教。古代的国家与宗教的结合是如此的密切,以至于不但在它们之间不存在彼此的冲突,而且将它们分别开来也是一件困难的事。政教相争的悲剧是没有的事。"②

---

① [美]摩尔根著,杨东莼等译:《古代社会》,第234、246页。
② [法]库朗热著,谭立铸等译:《古代城邦:古希腊罗马祭祀、权利和政制研究》,华东师范大学出版社,2006年,第155页。

《左传》说，国家的大事就是两项：祭祀和打仗。当时君王的主要职责也就是祭祀和征战。这很符合库朗热的描述，那就是国家服从于宗教。在宗教面前，所有的行政事务和民政事务都是次要的。

《礼记》规定："建国之神位：右社稷，而左宗庙。"可见宗教才是立国之本。"王为群姓立社，曰大社。王自为立社，曰王社。诸侯为百姓立社，曰国社。诸侯自立社，曰侯社。大夫以下成群立社，曰置社。"①

用来建构国家统一性和整体性的事物，恰是宗教及其祭坛（社）。用来区别阶级等级和政治身份的事物，主要也是宗教权利，所以《礼记》说："天子祭天地，诸侯祭社稷，大夫祭五祀。""天子将出，类乎上帝，宜乎社，造乎祢。诸侯将出，宜乎社，造乎祢。"②

天子规定对于最高神的祭祀权由他垄断。

为什么天子如此重视祭祀天神的垄断权力？答案只有一个：他的其他权利就是从这祭祀权中得来的。要想巩固其他权力，就必须牢牢掌握祭祀权。

中国的夏商周三代时期，西方的希腊罗马时期，都是处于

---

① 《十三经注疏》整理委员会整理：《十三经注疏·礼记正义》卷四十六《祭法第二十三》，第1304页。
② 《十三经注疏》整理委员会整理：《十三经注疏·礼记正义》卷十二《王制》，第385、368页。

氏族时代向政治国家时代过渡的时期之中。

摩尔根说，古罗马这个身兼宗教领袖和军事统帅两种重任的人，就是此后的最高行政长官、国王和总统的萌芽。这个结论已经非常明了，但是库朗热的结论将比这个明了10倍。

"在家庭中，权力与宗教相连，父亲因作为宗教的主持人而成为家主和审判者。与此相似，城邦宗教的大祭司同时也是政治首领。"① 也就是说，是教权产生了政权，政治权力是宗教权利的延伸，厐亚里士多德的话说：是祭坛赐以首领以尊严。

"王国的宪法很简单，不必细究。它源自宗教信仰的信条。点燃城邦圣火的建城人，自然就是第一任祭司。希腊古代有一条规定令我们感到惊奇，它规定城邦的王位属于第一个建立城邦祭坛的人。"②

希腊殖民地伊奥尼亚的12个城邦的圣火都是克德鲁斯家族的人点燃的，于是这12个城邦的民众就将这些王位全部交给了克德鲁斯家族。他们并不是以力量取得王位的，只因他们是邦火的创建者，这邦火还得由他们维持，所以王位非他们莫属。

---

① ［法］库朗热著，谭立铸等译：《古代城邦：古希腊罗马祭祀、权利和政制研究》，第164页。
② ［法］库朗热著，谭立铸等译：《古代城邦：古希腊罗马祭祀、权利和政制研究》，第165页。

早在氏族诞生之初，其首领就不是像猴王那样靠体力的博弈而出人头地，而是靠跟神沟通的能力和法术产生号召力。除了主持祭祀之外，他们没有什么权力，在群体的生活中产生不了多少其他作用。那是一个真正平等、也真正和平的时代。

老子所向往的小国寡民状态，孔子所憧憬的"大同世界"，其实就是刚刚失去的氏族组织状态。

"大道之行也，天下为公。选贤与能，讲信修睦，故人不独亲其亲，不独子其子，使老有所终，壮有所用，幼有所长，矜寡孤独废疾者，皆有所养。男有分，女有归。"这跟人类学家布朗在安达曼岛上所发现的原始人群的生存状态基本一致。

古希腊罗马时代，城邦首领或者君主的产生并不是因为武力强大、争斗胜利而自立，而是在和平的气氛中以宗教的原因而产生。城邦公民还常常用抓阄或者占天象的方式选举执政官，因为在古人看来，抓阄和天象都是神意的体现，无论是氏族还是国家，无论是领袖还是公民，都只能秉承神意处事。

所以，执政者的合法性不是来自强力或者法律，而是来自宗教。连法律本身也是来源于宗教，它最初只是一些宗教原则和戒条。

到现在为止我还没有说到作为专制制度之象征的国王是如何诞生的。在氏族社会向政治国家转变的过程中，那些原本权力较小、责任较大的领袖人物，在政治运作之中不断加强自己的权力，力图实行对国家事务的独断和控制。

为了遏制这种与民主制背道而驰的苗头，古希腊和古罗马的公民进行了非常深入的研究和非常有力的抵制，表现出了非常杰出的政治智慧，以及对于公民的权利意识和对于国家的责任心。

比如，希腊人发现军事首领巴塞勒斯这个职位的权力正在急剧膨胀，他们马上取消了这个职位。罗马人发现军事首领勒克斯的职位正在全力膨胀，同样马上废除了这个职位。他们这样做，是因为领袖个人权力的膨胀违背了民主制的原则。

尽管如此，帝国和国王，以及暴君，还是在地中海地区出现了。公元前4世纪，希腊北部贫穷落后的马其顿帝国迅速崛起。这个说希腊语的帝国与雅典等兄弟国家大异其趣，实行的是国王专权制度，年轻的君主亚历山大登基以后迅速征服了整个希腊，各城邦共和国的民主制度马上灰飞烟灭。这片光荣的土地就像色雷斯、腓尼基、巴勒斯坦、波斯、叙利亚、埃及等等地区一样，匍匐在亚历山大的铁蹄之下。

从此，专制制度成为所谓文明世界的主流制度。后来取代希腊人而掌握地中海地区霸权的罗马帝国，其国王越来越不把元老院和国民大会放在心上，日益走向独裁。罗马暴君的专横残暴，未必逊色于中国暴君。

暴君就是从国王中产生的，而国王就是由那些民主制之中的国家元首演变而来的。后来西方学者所津津乐道的所谓人类文明史，实际上大多数时间处于专制和暴政的统治之下，而他们所说的所谓蒙昧时代和野蛮时代,恰恰是和平、民主、自由的时代。

相比而言,专制和暴政时代为期很短,至今不过三千年左右。可是这三千年的历史是最让人类痛心疾首的,他给人类文化和心灵所刻下的伤痕是如此深重,以至于我们常常禁不住像讨论昨夜的噩梦一样讨论它的罪恶和前景。

拉开历史距离来理解国王及其所代表的专制制度,也许可以让我们感到一些欣慰。既然民主制度在历史上延续了几十万年,专制制度不过流行了三千年,是不是可以说民主制度更加适合人性?是不是可以相信它在人类神经深处的刻痕比专制制度留下的刻痕更深更牢?

摩尔根在描述罗马领袖塞尔维乌斯以财产为要素建立了全新的政治国家之后,感叹这个制度日后给人类带来了独裁制、帝制、君主制、特权阶级等等消极的东西,最后导致了今天占世界主流的代议制的民主政治。在代议制民主政体中,国王实际上已经消失了。

国王从起源到消失可以概括为这样一个过程:宗教领袖(祭司)——军事领袖(统帅)——政治领袖(行政长官)——全权领袖(国王,其中一部分是暴君)——有限领袖(总统)。国王和他的君主专制制度虽然还没有从地球上完全绝迹,但是他们的消失将是历史的必然。国王起源于各个社会群体共同的宗教信仰中,必将终结于全人类共同的民主、自由理念中。

　　摩尔根曾经在《古代社会》一书中预言："曾经一度以原始形态流行而在许多文明国家中受到压抑的民主政治，似有可能注定会再度成为普遍的、占绝对优势的制度。"摩尔根已经逝世了一百多年，他的预言正在缓慢地实现。

　　对于人类社会政治制度的改造和发展，我们似乎有理由跟摩尔根一样，保持一种谨慎的乐观态度。

参考书目

1.［法］库朗热著，谭立铸等译：《古代城邦：古希腊罗马祭祀、权利和制度研究》，华东师范大学出版社，2006年。

2.［荷兰］瓦尔著，胡飞飞等译：《人类的猿性》，上海科学技术文献出版社，2007年。

3.［美］霍贝尔著，周勇译：《初民的法律：法的动态比较研究》，中国社会科学出版社，1993年。

4.［美］罗维著，吕叔湘译：《初民社会》，江苏教育出版社，2006年。

5.［美］摩尔根著，杨东莼等译：《古代社会》，江苏教育出版社，2005年。

6.［美］莫里斯著，刘文荣译：《人类动物园》，文汇出版社，2002年。

7.［美］瓦伦特著，朱伦、徐世澄译：《阿兹特克文明》，商务印书馆，1999年。

8.［瑞士］布克哈特著，金寿福译：《世界历史沉思录》，北京大学出版社,2007年。

9.［美］华莉丝·迪里、凯瑟琳·米勒著,赵为译:《沙漠之花:世界名模华莉丝·迪里自传》,漓江出版社,2012年。

10.［英］埃文思·普理查德著,褚建芳等译:《努尔人》,华夏出版社,2002年。

11.［英］布朗著,梁粤等译:《安达曼岛人》,广西师范大学出版社,2005年。

12.［英］达尔文著,潘光旦、胡寿文等译:《人类的由来》,商务印书馆,2009年。

13.［英］弗雷泽著,徐育新等译:《金枝:巫术与宗教之研究》,大众文艺出版社,1998年。

14.［英］马林诺夫斯基著,王启龙、邓小咏译:《原始的性爱》,中国社会出版社,2000年。

15.陈琴:《山村·山鼓·山歌——爷爷的故事》,文化艺术出版社,2005年。

16.陈建武、方平主编:《中国歌谣集成·江西卷·武宁打鼓歌分册》,未刊稿。

17.陈奇猷校释:《吕氏春秋校释》,学林出版社,1995年。

18.方李莉:《梭戛日记——一个女人类学家在苗寨的考察》,学苑出版社,2010年。

19.侯旭东:《北朝村民的生活世界》,商务印书馆,2005年。

20.黄展岳:《古代人牲人殉通论》,文物出版社,2004年。

21. 江林昌:《中国上古文明考论》,上海教育出版社,2005年。

22. 金宜久主编:《伊斯兰教史》,中国社会科学出版社,1990年。

23. 李文海主编:《民国时期社会调查丛编·少数民族卷》,福建教育出版社,2005年。

24. 刘文鹏:《古代埃及史》,商务印书馆,2000年。

25. 索飒:《丰饶的苦难——拉丁美洲笔记》,云南人民出版社,1998年。

26. 吴毓江校注:《墨子校注》,中华书局,1993年。

27. 杨学政:《原始宗教论》,云南人民出版社,1991年。

28. 张宇光:《拉萨的月亮》,中国青年出版社,2000年。

29. 张正明:《楚史》,湖北教育出版社,1995年。

30. 郑晓云:《最后的长房——基诺族复习大家庭与文化变迁》,云南人民出版社,2008年。

31.《十三经注流》整理委员会整理:《十三经注流·礼记正义》,北京大学出版社,1999年。